帶著書箱去旅行

圖·文｜洪東標

金塊文化

「帶著畫箱去旅行」

　　認識洪東標已經二十多年，這期間他的身分是師大的校友、高中美術班老師、水彩畫家，研究所修過我的課，溫和的個性，實在看不出他旺盛的活動力，2005 年起擔任中華亞太水彩藝術協會理事長，加上 2007 年從學校退休後，生活變得繁忙，忙於創作，忙於畫會事務及水彩推廣，規劃和舉辦多次的寫生活動、展覽，出版書籍，同時又擔任水彩資訊雜誌的總編輯，一個計劃接著一個計劃地去完成，建構台灣當代豐碩的水彩活動事蹟，貢獻良多！2012 年，他卸下會長的職務後，以他堅忍的毅力，一個人騎乘機車以 56 天的時間環島寫生，完成了一次創舉，為台灣留下 118 幅海岸之美的創作，這是有史以來第一次有畫家完整地記錄台灣海岸。接著在 2013 年他又以全家自助旅行的方式，完成橫跨美國的行程，於是有了「帶著畫箱去旅行」這本書。

　　「帶著畫箱去旅行」的內容是從太平洋岸的西雅圖開始，到大西洋岸的紐約結束，橫跨美國十八個州，行程中有許多著名的旅遊景點，也有鮮為人知的小地方，他把 35 天中體驗的心得拿來與讀者分享，書中有他創作的 70 多幅水彩作品，每一幅都以具象寫實的方式來創作，他說：「想要分享繪畫的喜悅、傳達美感的體驗，具象的創作是最好的橋樑」，他希望觀賞者都能以輕鬆愉悅的心境來閱讀，在書中他用畫作、攝影及文字來忠實

呈現一個藝術家的全家旅行，把自己溶入自然情境中，文辭淡雅不造作，除了將所見所聞書寫成文字，並且以對話的方式抒發個人對繪畫的理念，讀者既可以欣賞畫作、閱讀文字，還可以獲得旅遊資訊。

　　水彩是最適合旅行寫生的媒材，十九世紀英國的畫家們就是以水彩畫來紀錄大英帝國在世界各地的風光，維多利亞女王也是藉由這些水彩畫神遊她的領土，並成為當時英國最大的水彩畫收藏家，同時也讓英國的水彩畫蓬勃發展。

　　洪東標堅持以水彩創作已經 38 年，嫻熟的技巧足以讓他輕鬆地優游紙上，完成精彩又感人的作品。因此，閱讀這本書也可以視為另類的畫作欣賞，這是他繼「56 歲這一年的 56 天」之後的又一本旅行書，目前他是個旅行畫家，假以時日也將會成為一位著名的旅行作家。

國立台灣師範大學 藝術學院

院長　黃進龍

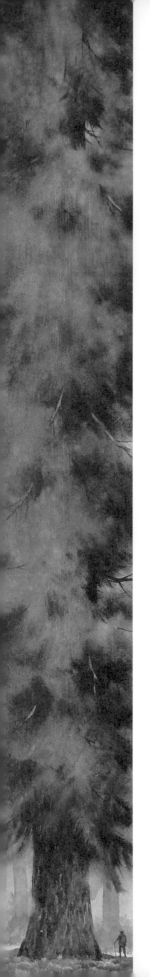

自序／看見！旅行的感動

許多認識我的人都知道，我想為台灣這塊土地留下紀錄，近年來的創作範圍只限台灣，而橫渡美國大陸是我旅行計畫的一部分，與這樣的創作理念完全無關，但對畫家來說，旅行中的感動如果不能成為創作元素，會很痛苦，所以會將美國的風光作為繪畫的取材純屬意外，實在是這片豐饒的土地有太多美麗的元素，既來之則畫之囉！

　　我的旅行寫生工具就是一個小畫箱、一本八開的寫生本，這套設備實在不像一個辦過十幾次個展的畫家，但為了精簡行囊，也只能將就囉！

　　台灣橫跨美國的旅行者或許很多，但是台灣用 35 天橫跨美國 18 州的畫家應該不多，願意把旅行的所有感動，以水彩呈現的畫家或許很多，但是把旅行所有過程寫成文章，跟水彩作品一起編成書籍的肯定不多。

　　這是一本「什錦書」，一本有文字，有照片，有水彩畫的書。

目錄 / Contents

帶著 畫箱 去旅行

畫家橫跨美國大陸萬里行的足跡

角色／人物介紹

我：58歲 水彩畫家。

Tina：
退休地理老師，我最要好的朋友、親密愛人兼太太。

Iggy：
28歲，波士頓大學劇場音樂設計碩士，百老匯劇場實習中，我的大兒子。

Zoe：
20歲，國立台北藝術大學戲劇系三年級，我的小女兒。

邱校長：
我任教江翠國中時的校長，國立新竹科學園區實驗高中校長退休後移居美國。現在是滿頭銀髮、溫文儒雅的長者。

地圖／我們的足跡

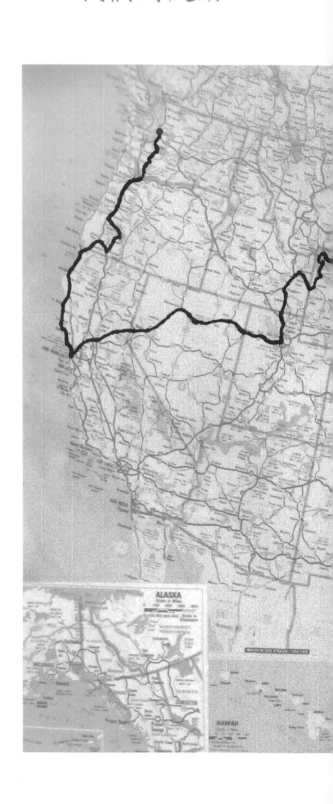

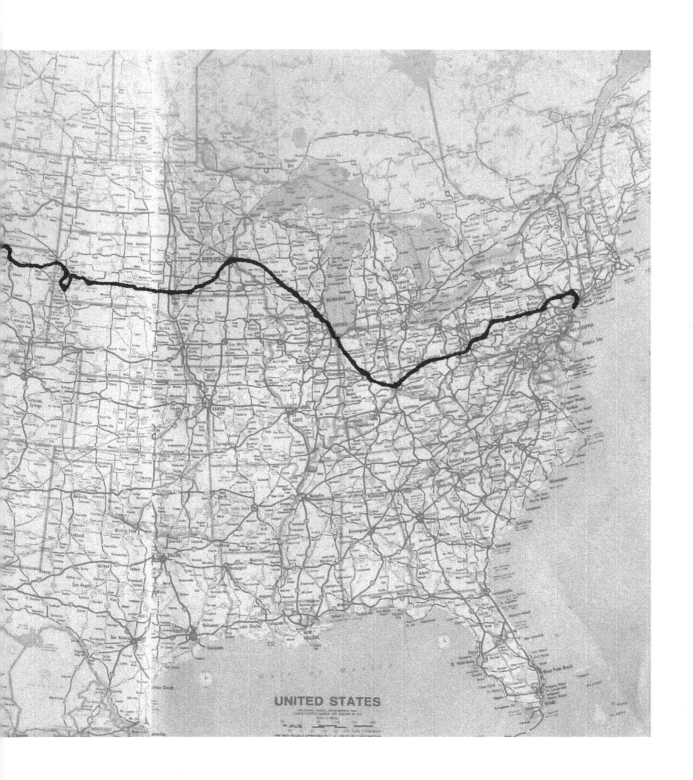

UNITED STATES

序曲一 / 是台灣或中華台北但絕不是中國台北

購買機票幾乎是自助旅行的第一課，依據以往的經驗，機票多在暑假旺季前的六月 20 日之後調漲價格，所以二月起我和 Tina 就開始在網路上找價格合理的機票；一個夜晚，沙發前的茶几，兩部 NB 同時在網路上悠遊……

Tina：「這個價格可以接受，搭韓航在首爾轉機，比起在東京轉便宜 2000 多」

我說：「別傻了，錢可以給別人賺，就是不給韓國人賺，再找別的吧！」

Tina：「喔！有差嗎？」我說:「有差，就是心裡不爽」。

過了一下子，

Tina：「這個機票不錯，在東京轉價格合理，就直接在線上訂票」

我看了一下：「ok 啦！訂了！」

又過了一陣子……

Tina：「怎麼回事？訂票人的國籍選項裡找不到『台灣』。」

我：「再找一下有可能是中華台北！」

Tina：「喔！找到了！是中國台北！」

我：「不要訂這個網站的機票，再便宜都不訂。」

Tina：「喔，有差嗎？」，我說：「有差，這是尊嚴問題。」

序曲二 / 有尊嚴的車輪牌

六月 19 日出發時，臨時被達美航空換機，搭華航過境大阪，再轉達美班機飛西雅圖；在大阪轉機時，經過華航候機室看到登機作業櫃檯上立著一小支中華民國國旗，這種感覺格外令人感動。

對已經多次到美國旅行的我來說，免簽證不是我來美國的理由，但是卻讓我有機會在旅行時遇到來自中國的旅行者，免簽證就讓我有些許得意；在東京機場，我刻意的將我們這本綠色護照拿在手上，將正面朝上，排隊準備登機時

Tina：「登機門只看登機證，護照收起來吧！」
我：「我就是喜歡拿在手上！」
Tina：「幹嘛？你有病耶！」
我：「不是有病，是有尊嚴！」

其實我刻意地將護照拿在手上，是在這班往西雅圖的班機上，有許多中國客，我就是要將正面的國徽和「中華民國」的四個大字亮在他們的面前，這具有一種宣示的意義，我來自台灣，以免簽入境美國，是台灣人的尊嚴。我們政府的政績。

序曲三 / 飛行

　　飛西雅圖長達十個小時，達美航空波音 767 班機上的空姐年紀都很大，有男有女，甚至是阿嬤級的空服員，這些很敬業的阿嬤在大家睡覺的時候，都還拿著托盤盛著水杯在走道上為睡不著的旅客巡迴送水，要年紀比我們大的人來服侍我們，讓我和 Tina 都感到不好意思拿水喝；這和我曾經搭乘西北航空的印象顯然大不同，那是二十四年前第一次飛美國的印象了，現在的達美航空高達 1200 多架的龐大機隊就令人乍舌，聘用的人員更是多到數不清，在經濟不景氣的時代，難怪這些敬業的阿嬤始終如此執著。

　　飛機上的個人影音娛樂系統隨選影片，多種語言和中文字幕的選項完整，讓我忍不住一直看電影，如此的長途飛行中根本無法入眠，到達美國時已經把很累，不過我告訴自己，一定要支撐到晚上才上床，這樣時差就解決了。

旅行的起點—西雅圖

旅行的起點－西雅圖

• 青年旅店廚房的大型儲物櫃，提供住客存放食物。

選擇西雅圖做為我橫渡美國的第一站，原因是我沒來過，雖然 2004 年我和朋友曾來進行美西國家公園自助旅行，但當時的領隊因熱愛山林，不屑進入現代化的都會，我僅能從 5 號高速公路上穿過，成了當年旅行中的遺憾；加上曾轟動一時的電影「西雅圖夜未眠」，以及我和 Tina 讀過的一本暢銷翻譯小說「格雷的五十道陰影」，主要場景都是西雅圖。

西雅圖 Seattle 原本是一個度瓦米許和索瓜米希部落酋長的名字（Chief Sealth）。從 1865 年到 1867 年它是一個鎮，從 1869 年開始快速發展，正式成為一個市。1909 年的阿拉斯加－尤康－太平洋博覽會在這裡舉行（美麗的華盛頓大學就建立在當年博覽會的會場上），1919 年美國第一次總罷工就發生在西雅圖。這個城市有很多奇蹟，如 1889 年的一場大火毀掉整個市中心商業區，竟然無人喪生，而發生在 2001 年 2 月此地一次 6.8 級的大地震，竟然沒造成任何破壞。而據說為了拍電影，以西雅圖酋長為名撰稿的一封寫給美國總統的信，被環保人士奉為環保宣言，進入 21 世紀，這個城市被美國人認為是最適合居住的城市，所以⋯⋯「西雅圖！我們來了！」

在西雅圖機場入境查驗時，菜英文的我努力地想好如何用英文回答問題，通常進海關不都就是「來美國做什麼？」、「將住哪裡？」、「會待多久？」，一張東方面孔的移民署官員看著我的護照忽然問我「憲兵學校

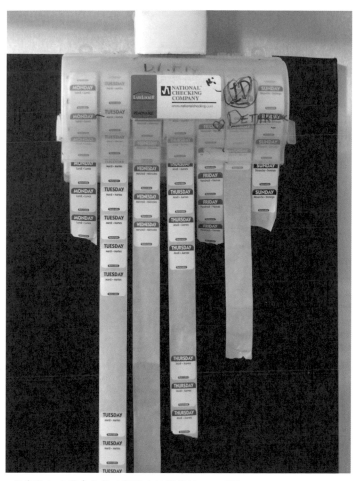

• 住客放入冰箱食物都必須貼上的標籤紙，以不同
顏色區別星期日期，方便管理。

李轉盤上，將從輸送帶送來的行李一件一件地整理成手把朝上的方向，讓旅客方便提領，細心得讓人佩服，這也是我對西雅圖的第一個印象。

按圖索驥我們順利找到通車不久的地鐵，進入市區，一位女警熱心地指引我們搭電梯，入住西雅圖唐人街牌樓前的飯店「American Hotel」，名為 Hotel，其實就是一家青年旅館，二樓有一個可以提供炊事的大廚房和餐廳，一個超大冰箱提供住客冰食物，住客必須將食物貼上標籤卡再放入冰箱裡，標籤卡設計得很簡單但卻很實用。

還在五股嗎？」竟然和我說起國語來，原來他是個台僑，發現我住五股就問起憲兵學校是否安在，原來他年輕時是外事憲兵，我說我也是憲兵，是預官 30 期，而他是官校生，像我這樣身家清白加上一副良民的形象，當然就順利入境了。提領行李時，看到機場服務人員就站在行

• 火車站裡巨大的座椅，展現美國人的霸氣。

邂逅西雅圖酋長

• Tina 在先鋒廣場邂逅西雅圖酋長。

　　整理好行李，我們就開始逛街，路過冷清的聯合車站 Union Station，古典風格的大廳有很高的穹頂和華麗的浮雕藻飾，巨大的長木椅上斜躺著流浪者，脫下鞋子正優閒的看報紙，沒人干涉，這裡簡直就是他休息的天堂，不曉得可不可以過夜，要不然我還真想參一腳，這市區裡的住宿費還真的蠻貴的，而且這長長的原木椅還真豪華。經過 Homeless Man's Shelter 時，一群遊俠就在門口閒聊，讓我想起電影威爾史密斯和兒子合演的電影，他必須趕在天黑前帶著兒子排隊進入收容所以度過寒夜；沿著舊市區古老的街道逛到拓荒者廣場 Pioneer Square，我們邂逅了西雅圖酋長，就是這位酋長寫給美國總統的一封信，成為環保人士公推為最具代表性的環保宣言。

•廣場上等待挑戰的棋士。

噁心但有特色的口香糖牆 GUM WALL

六月二十日早上，我們選擇在西雅圖搭公車，花2塊半向司機買一張票，就可以取得一張轉乘券，兩小時內可以不限次轉乘公車。我們慕名到派克市場 Park Market 參觀星巴克咖啡的第一間創始店，門楣上的 1912 原以為是開店年度，其實是門牌號碼，假日裡觀光客排成長龍，一組樂團自娛娛人地就在門口演唱。

吸引觀光客的技巧很多種，就屬用噁心的口香糖黏一大面牆最奇特了，從派克街進入派克市場，走下左邊一個斜坡後左轉的街角就是了，從牆面、頂棚、到牆面外的管線都被貼上嚼食過的口香糖，各種顏色，一小坨一小坨的被黏上去，有的體積和重量較大的被地心引力拉長下垂，夠噁心了吧，卻見一大堆人在牆前拼命拍照，更有人繼續往上黏，拓展勢力，當然，到此一遊的我們當然也不能例外，不是黏口香糖，是拍照。

• 各種顏色的口香糖沾滿了牆壁，算不算裝置藝術？

• 到西雅圖絕對不能錯過的派克市場

• 星巴克創始店就在西雅圖的派克市場，店裡沒座位，顧客都必須外帶。

• 在公園遠眺太空塔

太空塔 SPACE TOWER

6 月 21 日 Iggy 從紐約飛來會合,一年不見的 Iggy 留著一頭長髮,鬢角往上推,是有幾分音樂工作人的造型了;旅行的成員增加為三人,我們從參觀 1962 年興建的太空塔開始,這個高塔令人印象深刻,它長得還真像飛碟,我們很喜歡他們的創意,不管你在任何時間上塔,都可以在二十分鐘內,觀賞到從日出到日落的西雅圖鳥瞰風景,原因就在於觀景台室內的四個角度,都設有大型液晶銀幕,銀幕畫面上除了標示各個地標建築的說明之外,還可以隨著顧客的手控,展現不同時間的陽光變換,從清晨日出到夜幕低垂大樓燈光紛紛亮起時為止,這樣展示夠迷人吧!

• 西雅圖市景從日出到日落都在這一瞬間

• 水陸兩用車在水上行車，就是 DUCK 的絕招

歡樂的鴨子船 DUCK TOUR

　　逛過太空塔，轉搭鴨子船，這是一種源自於二次大戰時軍用的水陸兩用車，名字就叫「DUCK」，它是既可以在路上跑，又可以在水面上前進的特殊車子，在美國許多有水域的城市就以它作為市區觀光的重要工具，我記得在 2006 年到美東旅行時在波士頓和費城都看

• 建築非常時髦的 EMP MUSEUM

過，駕駛 DUCK 的司機都兼任導遊，行程路線是先進行一次市區參觀，不時配合音樂帶動唱，一路上司機要車上的乘客們統計和我們揮手的街上民眾有多少人，所以大伙們總是熱情地對著路人揮手打招

呼來換取回應，瞬間就炒熱了氣氛，這招夠厲害，因為整個市區行程中我們都在替 DUCK 水陸旅遊做廣告，他也要大家在路上看到星巴克咖啡的招牌時大聲歡呼，因為西雅圖街上實在有超多的星巴克，所以車上就歡呼連連，鴨子船行程的壓軸戲碼當然是下水去囉，我們逛完鬧區後，DUCK 繞到市區北邊的華盛頓湖開始下水遊湖，此時車上響起了《出埃及記》作為下水儀式的背景音樂，讓大家想像渡過紅海的景象，遊湖除了體驗水上行車之外，就是要欣賞許多像電影《西雅圖夜未眠》中湯姆漢克所居住的水上屋，許多住戶在露臺上日光浴，親切地和我們揮手，絲毫不介意我們的干擾。當 DUCK 結束行程，學音樂設計，選擇去參觀建築非常時髦的 Emp Museum 的 Iggy 也剛好出來。

• 托兒所逛大街囉，真是很棒的嬰兒車。

• 這種親水性極佳的水上屋，設備完善，獨享湖岸景觀，完全不同於東南亞的船民。

典雅的華盛頓大學

• 校園一景

　　當我在碼頭寫生時，就由Iggy去接洽租車，在一家五星級飯店的大廳裡，租車公司的櫃台小姐，善意的將我們預定的中型休旅車改成七人座的大車，因為她認為要橫越美國當然要3200cc的林肯大旅行車，而且是一部新車，雖然比原本預算多花了我

• 哥德式風格的華盛頓大學圖書館。

• 校園的中軸線步道，兩旁是夏季的櫻花樹。

• 美術系館

• 戲劇系館

兩萬多塊的台幣，但是事後證明她是對的。駕著才落地 77 英里的新車，我們先兜到華盛頓大學參觀，我想華盛頓大學高知名度的美術系和他的校園之美必然有關，幾乎所有校園建築物都是哥德式風格，中央廣場 Red square 鋪滿紅磚。正對廣場的圖書館 Suzzallo Library 更是典型的哥德式建築：眾多拱門鑲嵌著人物雕塑，門柱與窗框上都雕有複雜的花紋；二樓閱覽室的彩繪玻璃窗，在夕陽餘輝的映照下會發出淡藍色的光芒，更為這棟莊嚴而肅穆的建築增添不少璀璨的色彩。沿著廣場左邊的台階走下去，就會看到一座圓形的噴泉 Drumheller Fountain，路的兩邊種滿了櫻花樹，可惜現在是夏天，想像著春天時應該會更美，我們興奮地循著校區地圖參觀了美術系和戲劇系館。我和 Iggy 都說：「真是沒得比」，當然指的是我們在台灣各自的母校囉。

音樂家 Kurt Collain 的悲歌

回到市區，已經過了路邊停車格的收費時間，幸運地就在飯店前找到車位，一個晚上我都睡得香甜，而不放心雖然租車時已經保了全險的 Tina，卻不斷的起床從飯店的走道窗戶看看新車還在不在。

22 日早上，我們趕在街頭停車格開始收費前，裝上行李啟程離開西雅圖 。

我問 Iggy：「你還想去西雅圖的哪裡？李小龍的墳墓有興趣嗎？」。

Iggy：「我比較想去看一張椅子」。

我：「我知道！Seattle Center 太空塔下的兒童博物館裡，有一套超大的桌椅，走進那裏簡直就像進入大人國了，這個構想很棒」。

Iggy：「我說的是一張在湖邊公園的椅子」。

我：「喔，這我就不知道了，那我開車，你帶路吧！」

於是我們開車跨過西雅圖市區到東岸的華盛頓湖邊，這裡的住宅區大多有很大的庭園，濱臨湖岸還有私人遊艇碼頭，我們停車在一處湖畔公園的停車格，徒步走到一處住家旁的草坡地，果然有一張陳舊且其貌不揚的長條公園椅子，上面有許多人用立可白塗寫的悼念文字，和幾束枯萎的花束，這兒是柯本（Kurt Cobain）在 27 歲時，以一顆子彈結束他年輕生命的地方，科本是西雅圖在美國流行文化中佔據真實地位的傳奇人物之一，也是西雅圖歷史上影響最大的演藝圈人士之一（另外還有兩位，一是李小龍，另一個是 Jimi Hendrix）。Iggy 告訴我們，科本的女兒也玩

• Iggy 在 Kurt Cobain 舉槍自殺的公園長椅前憑弔。

音樂，很漂亮，其中一個粉絲在悼文中曾寫著：「I love your music very much, p.s. Your doughter is hot.」，令人玩薾。接著我們在 Google 的導航下參觀了位於 Renton 的 Jimi Hendrix 的墓園。原來瞻仰這兩位音樂家，才是 Iggy 來西雅圖的目的。

然後，我們從 7 號公路轉 706 進入雷尼爾山國家公園。

• 西雅圖兒童博物館中的大人國。

• 位於 RANTON 的 Jimi Hendrix 的家族墓園。

華麗的西雅圖 21X45cm 2013

西雅圖港灣　18x25cm 2013

大盛夏　　18x25cm 2013

懷思的椅子 20x31cm 2014

雷尼爾山

的六月殘雪

• 雷尼爾山終年被冰雪覆蓋的主峰。

雷尼爾山的六月殘雪

　　離開西雅圖，我們選擇第一個國家公園雷尼爾山，在入口處購買了一張老鷹卡，這一張卡是通行全國國家公園的一年通行證，很適合我們的長途旅行。

　　雷尼爾山國家公園（Mount Rainier National Park），建於 1899 年。面積為 368,954 平方公里，雷尼爾山是一座 4,392 公尺高的層狀火山，從週遭的平地中陡然升起，海拔高度從 490 公尺上升到到 4,300 公尺。園區的 95% 保存在原始狀態，最高點在 Cascade Range，週遭滿是峽谷、瀑布、冰穴以及超過 25 條的冰

• 穿著短袖的 Iggy 興奮地抓起湖面的積雪。

• 父子在六月下旬還結著冰的湖面上留影。

• 超過 25 條的冰河在這個公園裡。

• 雷尼爾國家公園的風光。

河。休眠的火山常年籠罩在雲裡，雲層每年 峰頂帶來數量龐大的雪花，所以很難看到神秘面紗後的山峰。山腰的滑雪場，人頭鑽動，我看滑雪的人少，玩雪的人多，任誰都很難想到，六月到這裡還可以帶雪撬來滑雪，沿著穿越公園的 706 公路，拍了許多瀑布的照片也畫了一張速寫，路過湖邊，我們一時興起決定下水，游泳嗎？不是，湖面還結著冰呢，我和穿著短袖衣衫的 Iggy 站在結冰的湖面上合影，這樣夠新奇吧！

Iggy：「拍照回家畫和現場寫生有不一樣嗎？」

我：「不一樣！這時候把當下的感動畫出來，對畫家來說是最幸福的，在全視野的空間裡有溫度，有濕度，和身歷其境的心境。」

Iggy：「但是時間不夠時，還是需要畫照片吧？」

我：「是啊！現代科技是帶給畫家許多方便，但是照片也有很多陷阱，會騙人的。」

Iggy：「照片怎麼騙人？」

我：「比如在強烈的陽光下拍的照片會有曝光過度的全白和曝光不足的全黑的無色彩狀態，很多人因為寫生經驗不足，或觀察經驗不夠，在畫照片時就照著畫了。」

Iggy：「就這樣？」

我：「還有現代的傻瓜相機幾乎都是廣角鏡頭，更是把空間感加大了，同時物象也就變形了，這些照片都還是需要豐富的視覺經驗來調整畫面的構圖」

Iggy：「還好我學的是音樂設計，聽覺藝術不騙人，單純多了」。

• 除了冰河，融冰的水在這裡形成超過
　一百個以上的瀑布，也是國家公園裡
　的主要景觀。

出了公園天色已晚，走 12 號公路往南，但見一片牧場風光。沒先預訂房間，就得在路程中找旅館，很沒有安全感，尤其當天色漸漸變暗，就更令人心慌，離開西雅圖的第一個晚上，就先安頓在 Morton 小鎮的廉價摩鐵，三個人 65 塊錢不含早餐，還算乾淨，Morton 就像極了西部電影中的小鎮，下著毛毛雨的夜晚，靜得只剩下偶而路過的車聲。

23 日清晨，在 Iggy 強烈建議下，我們勉強地答應去體驗美國式的早餐店，（因為 Tina 很想外帶，以省下 15-20% 的餐廳小費），和一群當地老美一起吃著大份量的美式早餐，雖然內容不外乎鬆餅、烤土司、炒蛋和美式咖啡，但可口美味，加上排列式的火車座像極了電影中餐廳的情節，這個早餐沒有讓人失望。

• 陰雨的天候中分不清楚是雲霧或火山煙。

• 聖海倫火山公園裡禁止踩踏地面的警語。

聖海倫火山　ST. HELLENS

　　從 504 公路進入聖海倫火山，這是美國本土最活躍的火山，記得 2004 年我和朋友從 99 公路進入到最接近火山口的地方，回國不久，在 2004 年底它再度爆發，99 公路這時已被覆蓋在火山灰下了，當局不再開放入園，現在火山灰覆蓋的土地上正有許多生物慢慢地滋長，這裡應該是地球科學領域研究地表演化的絕佳地區，因此在這園區裡會看到寫著禁止踩踏土地的標語，違反者要罰款 100 美元。在霪雨霏霏的天氣裡，我們在 Water Front Center 尚未營業的諾大餐廳裡，坐在溫暖大玻璃窗前，悠閒地觀看籠罩著雲霧的火山口，還有點像正冒著煙呢！一邊享受著自製三明治午餐，穿著制服的年老志工正勤快地擦拭每一張無人使用的桌椅。

• 在空蕩蕩的遊客中心午餐。

　　回頭走 504 公路離開聖海倫火山，轉 5 號高速國道進入奧勒岡州（Oregon），這是我們第一次跨過州界到第二個州。

石橋下的瀑布　45x30cm 2013

石橋下的瀑布　創作過程

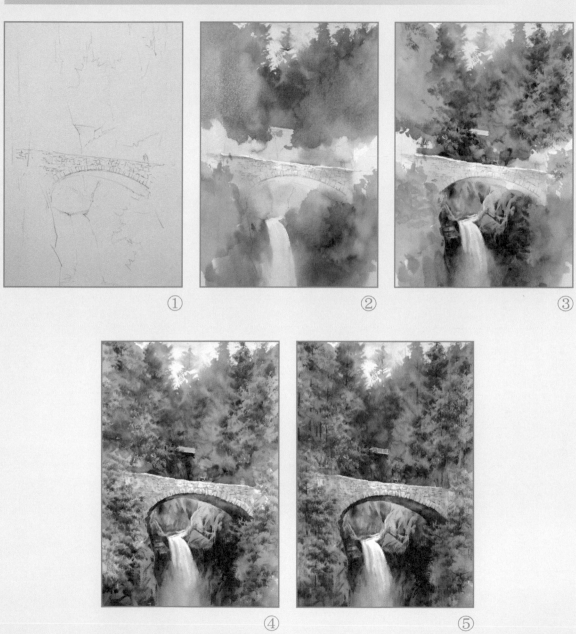

①

②

③

④

⑤

• 新舊雜陳的波特蘭街景

夏季裡的冬季旅程

24 日上午我們進入美國西北海岸的第二大城波特蘭（Portland）。波特蘭位在俄勒岡州威拉米特河匯入哥倫比亞河的入河口以南不遠的地方。市區人口約為 58 萬人，加上整個外圍地區，人口估計為兩百萬人，是奧勒岡州人口最多的城市，也是美國西北部太平洋地區僅次於西雅圖的第二大城市。波特蘭的別稱是「玫瑰之城」、「樹樁城」、「橋城」、「河城」等等，並獲評選為全美最適合育嬰的城市。

早期幅員廣大的美國，火車是重要的交通工具，所以火車站的建築大多古典又華麗，頗值得一看，在看過西雅圖的火車站之後，不免對波特蘭的老聯合車站也感到興趣，於是停車欣賞這棟建於 1892 年的建築，的確是悠久典雅、古意盎然。

隨後我們在舊城區找到停車位，在舊城區和唐人街間閒逛，很高興在唐人街看到兩處建築的門樓上飄揚著青天白日滿地紅的國旗。

• 古色古香的波特蘭聯合車站

• 飄揚在波特蘭唐人街的青天白日滿地紅國旗

• 老市區的現代化電車

凱特湖（火口湖、綺麗湖、克雷特湖）

揮別波特蘭，走五號國道南下接 58、 97、138 號公路，探索據說是美國最藍的湖泊，進入國家公園，一路幾乎都走在濃密的森林裡，我們見識了奧勒岡這個廣大的森林之州。

凱特湖國家公園（Crater Lake National Park）位於俄勒岡州西南部，是美國第五個國家公園，占地 650 平方公里。凱特湖是全世界最大的火口湖，直徑達 10 公里，面積 54 平方公里。湖面海拔 1882 公尺。最深處 589 公尺，是被冰川覆蓋的古火山錐於更新世晚期噴發時形成的破火山口，經風化和侵蝕後擴大積水而形成的湖泊，湖水清澈，呈現一種令人印象深刻的鈷藍色，是全美最深，全球第七深的湖，也是這個國家公園的核心。此外國家公園還有女巫島（Wizard Island）和幽靈船石（Phanton ship）等景觀，每年都會有大批國內外人士不遠千里來此觀賞美景。2004 年我曾經來過一次，深深為這美麗的藍色圓形湖泊著迷，因此決定帶家人再到此一遊。

我們在霪雨霏霏、四周幽暗的天氣中來到湖岸的停車區，下車時濃霧瀰漫，下著帶雪的小雨，湖面一片灰濛，甚麼都看不到，我們實在凍得受不了，就趕緊上車了，此時車上的溫度計顯示華氏 40 度（攝氏 4.4 度），都快低到冰點了；既然無緣見識這個像藍寶石一般的湖泊，只好沿著 62 號公路逃離在六月下旬仍下著雪雨的凱特湖，在離開的路程上我們有將近一個多小時，都是在天色幽暗的迷霧道路中前進，兩旁聳立著數十公尺高的大樹森林。

• 正下著雨中帶雪的湖畔年輕人

• 這是我拍攝於 2004 年晴朗天氣下的凱特湖，展現出藍色的風姿。

• 陰雨中的凱特湖

波特蘭街景 18x25cm 2013

雲霧中的聖海倫　30x45cm　2013

晚春殘雪 25x54cm 2013

森林雨中疾行 54x25cm 2013

驚豔之旅
紅木國家公園與一號公路

驚豔之旅 - 紅木國家公園與一號公路

25 日清晨，天色晴朗，我們離開住宿的 Medford 小鎮，從五號國道左轉 199 公路揮別奧勒岡州轉向海岸，連接風光明媚的 101 海岸公路。進加州州界時，果然就如我記憶中 2000 年到美西旅遊時的狀況一樣

一個關卡公務員客氣地問我們：「車上有帶水果嗎？」我們回答說：「沒有，我們就是要來加州吃水果的呀！」

• 就在五號國道上遠眺奇特的 Table Roc

車上播著從 Iggy 手機連結的音樂，是盧廣仲的＜對呀！對呀！＞和 兄妹檔「來吧！焙焙！」可愛溫馨的＜來吧！寶貝＞，於是我們進入美國之旅的第三個州－加州。

紅木國家公園

• 在路程中，品嘗典型的美式午餐，用大量油炸的馬鈴薯塊和荷包蛋。

走 101 公路南下，當然為的就是要到紅木國家公園及州立公園（The Redwood National and State Parks，RNSP），這是一座位於加州北部太平洋岸的國家公園，它保護著現存加州 45% 的紅木林。在 1850 年代，北加州一帶的海岸為兩百萬畝的原生林所覆蓋。北美原住民

• 徒步在壯闊的紅木森林中更顯得人類的渺小。

• 台灣小子和美國大樹。

在此居住超過三千年。後來，淘金潮帶來的礦工及伐木
工人開始砍伐此地的原生林。直到 1918 年，「搶救紅木
聯盟」（Save-the-Redwoods League）成立，倡議保
護此地的三個主要紅木群，政府才成立了三個州立公園。

國家公園則於 1968 年成立，1994 年，美國國家公園管理局和加州政府將紅木國家公園及三個州立公園合併，成為今日的紅木國家公園及州立公園。

紅木國家公園範圍很大 我們選擇在 101 公路轉入草原溪紅木州立公園停留參觀，對台灣小子 Iggy 來説，這巨大的紅木是他在這世界上看過最大的樹，抬頭張望樹梢，都不自覺地張大了嘴，我們在步道上驚呼讚嘆，然後在號稱最大的 Big Tree 留影，

「你會想畫這樣的森林嗎？一大片單純的綠色！」Iggy 問到

「當然會！這樣壯闊的樹林多壯觀呀！其實仔細地觀察，這森林隱藏著不同的樹種 ，他們有著不同的綠色調，在單純中有很細微的變化，加上空間距離和濕度也改變著色溫，這裡的色彩和內容都豐富極了，畫這片森林會是個大工程 」

「這就是你回家後的功課囉？加油！」

「當然囉！」

繼續南下，經過 2004 年我和朋友住宿過的公園露營地時，從未見識過在大森林中的大型露營地的 Tina 和 Iggy 頗有興趣，雖然已經營位額滿不再接受車輛進入，但在説明來意後，管理員特許我們入園參觀，沿著營區道路，見到許多露營車在大樹下紮營，每一個營位都有屬於自己的餐桌椅和活動空間，並且有樹林間隔，此時已經炊煙四起，勾起我許多回憶和感嘆。

離開 101 公路右轉進入更貼近海岸、以美景聞名的加州 1 號公路，此時天色已暗，距離我們預定的住宿點 Fortbragg 仍然遙遠，我們在盧廣仲和宇宙人的音樂聲中趕路，在夜色中奔馳。

• Tina 漫步在紅木森林中。

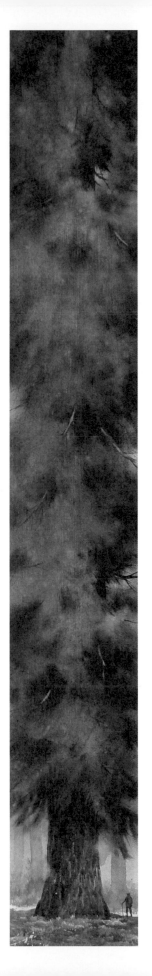

這一棵大樹　77x11cm 2014

綠野芳蹤 100X150CM 2014

探索紅木林　30x45cm　2013

加州一號公路

　　轉入加州一號公路，純屬偶然，它確實是一條令人驚豔之路，大森林、大草原、奇花異木、沙洲曲流、奇岩怪石、浪濤拍岸，加上一陣海霧瞬間飄來，彷彿就進入了仙境，讓我們驚呼連連，雖然天色已晚，但我忍不住多次地停車拍照，

Tina 和 Iggy 就提醒我：「別太容易感動，否則我們到不了舊金山！」

「這麼美的公路，不能停下來寫生，令人遺憾啊！」我說

「拍照畫就好了吧！」Iggy：「應該沒有人能在畫面上分辨寫生或畫照片的不同吧！」

我：「事實上還是可以區隔出來的」。Iggy：「怎麼說？」

「畫照片毫無時間的限制，多半可以畫得精細一些，寫生受到時間和天候的影響，畫快一些就比較簡略一點，有時候反而有個性一點」

「在畫室畫照片，畫得很精細畫得像照片不就沒意思了？」

• 加州一號海岸公路的景觀，有懸崖、沙灘、岩石、島嶼、、、

「對呀！有些畫家想在具象的精細寫實領域裡，和相機一較高下，卻不知在這樣的競賽裏，畫家還是要借助於攝影，這不就擺明我輸了嗎？照相和繪畫本來就是藝術創作的兩條平行線，畫家其實不需要想要無所不能地將生活中的所有影像，都貪心地想要畫下來」

「那參考照片畫畫，不就是一種抄襲行為嗎？」

「照相技術的發達，是讓畫家輕鬆地應用照片當作參考資料，但有些畫家會瓢竊攝影家的作品來畫成作品。」

「如果技術不好，畫照片畫得不像，是不是就不會被發現？」

「所以啦！畫得不像是可以迴避法律追訴的責任，但還是難逃道德上的瑕疵，照片是畫家創作過程中的參考資料，技術好的話，把畫畫得很像照片那也沒意義，那就乾脆照相就好了，何必畫！畫一幅像照片的畫絕不是繪畫創作的目的！」

「如果攝影師同意畫家用他的照片，或者是像音樂的使用一樣，花錢買授權這樣好嗎？」

「當然可以！不過我認為雖然經過授權和同意，但是畢竟原創性還是別人的，我是堅持自己畫有感動的題材，作品才能感動別人。」

「是呀！把別人的照片畫成作品說成是自己的創作還是不大好，要不然網路上多的是拍得美美的照片！」

我們是有共鳴的！

•霧中的小港灣偶而露出明亮的陽光。

•冬山飄雨西山晴的海岸景觀。

• 海霧一陣陣飄來，霧中行車驚喜連連。

在這一段很美的海岸公路，
路旁有許多深宅大院或是精巧
雅致的住家，車行在這條路上，
忽然發現門牌編號已經來到五
萬多號，這在小小的台灣還真
是很難想像的事。

• 雲霧中崎嶇的海岸線，景觀多變，層次豐富。

綠林裡的紅釣客 30x45cm 2013

原野飛鷹　18x25cm　2013

石橋與岩隙　30x45cm 2013

石橋與岩隙創作過程

①

②

③

④

水上漫霧　　18x25cm　2013

小港灣　18x25cm　2013

海霧飄臨　18x25cm 2013

荒野的色彩　　30x45cm 2013

崩石海岸　　25x54cm 2013

林間望海　　30x45cm 2013

波濤擁層岩　30x45cm　2013

舊金山我們來了

回到 101 公路繼續南下，我們進入舊金山灣的北岸 Sausalito 小鎮，這個小鎮沿著山海交界的狹長地形興建，早期有許多義大利移民，所以有個濃濃的義大利風味的名字，市區沿著海灣，岸邊停滿遊艇；我們選了一家印度餐廳的外帶午餐，在公園邊享受大餐後，繼續順著 101 公路從金門大橋進入舊金山市區，這時蔚藍的天空襯著紅色高聳的橋墩，格外鮮明，興奮的 Iggy 打開車上的天窗用相機的錄影功能，紀錄我們從大橋高聳的紅色橋墩下穿越，我們高喊：「舊金山我們來了！」

• 我們正穿過金門大橋進入舊金山

舊金山 我們來了

• 義大利風的 Sausalito 街景

在我建議下，我們在舊金山濃濃的西班牙風味的市區中，開始播放從台灣帶來的阿根廷探戈的音樂，感覺還蠻搭的。

舊金山市郡（City and County of San Francisco），簡稱舊金山（San Francisco），又稱「三藩市」、「聖弗朗西斯科」、「金門城市」、「灣邊之城」、「霧城」，是加州唯一市郡合一的行政區，位於北加州，舊金山半島北端，東臨舊金山灣，西臨太平洋，在 2010 年的人口普查為 805,235 人，是加州第 4，全美第 13 大城市。人口密度則是全美國大城市第二高，僅次於紐約市。南邊與聖馬刁縣為鄰，南灣的聖荷西和矽谷地區，加上東灣奧克蘭、柏克萊以及北邊的馬林縣和納帕縣合稱為舊金山灣區，這樣的大都會人口數百萬，就成了僅次於洛杉磯的大都會了。

我們住的 Dakota Hotel 就在聯合廣場附近的 Post 街上，事實上這就是個青年旅館，提供廚房設備也供應早餐，會選擇這裡是因為交通方便，逛街或玩累了馬上可以回來休息，我們的四人房緊鄰馬路，八角窗的外邊是有逃生鐵梯的陽台，也就是經常在警匪片中逃亡追逐的場域，第二個晚上還有個年輕人爬到陽台上聊手機，就在我們窗前，把我們給嚇一跳，還好他馬上回去他的房間，差一點我們就要報警了。

礙於舊金山市區驚人的停車收費，來到舊金山的第一天，我們很幸運能夠把租來的車子委託給朋友金大哥的女婿保管三天，同時也向金大哥和金大嫂叨擾一頓南美大餐，他鄉遇故知還可以這樣無後顧之憂，這真是異國旅行中的幸福。

晚餐過後，天色依然明亮，搭著地鐵返回市區，開始來認識這個相當認同同志的聞名城市，舊金山住有很多藝術家、作家和演員，在 20 及 21 世紀初，一直是美國嘻皮文化和近代自由主義、進步主義的中心之一。這個城市同樣以其眾多的互聯網公司而聞名（如 google、microsoft 等），同時也是許多同性戀者的聚居地。我們在市區看到許多地方懸掛著代表同志居社區彩虹旗，而且剛好就在 2013 年 6 月 26 日這一天，美國最高法院判決《捍衛婚姻法案》違憲，是指同性婚姻無法享有異性婚姻的權益，違反美國憲法平等保護每位公民的意旨，裁定同性婚姻應享有同樣的聯邦法定權益。

同志大遊行

• 虹旗飄揚在舊金山的許多街道上

　　舊金山的同志大遊行，是世界上最著名的同志驕傲遊行之一。例行的遊行是每年六月的第四個星期日，在舊金山最熱鬧的 Market St. 舉行，不僅當地的男同志、女同志、甚至來自全美或全世界的同志及對同志友好的人都會聚在一起狂歡的盛典。遊行前一晚的週末，卡斯楚街區（Castro St.）更會進行愛心捐贈封街活動，整個夜晚有許多的現場音樂，沿街的店家燈火通明，路上滿是飲酒狂歡的人，封街狂歡會在午夜前結束，讓人們好準備第二天一早的遊行。

　　遊行是周日上午 10 點半開始，沿著舊金山市區主要道路市場街（Market St.）進行，每年遊行都由 1000位女同志騎著重型機車作為開路，稱之為「Dykes on Bikes」，緊接著是由男同志騎著腳踏車的隊伍進場，稱之為「Mikes on Bikes」，每年都有超過兩百個隊伍參加，

遊行在市政廳前作為終點，當然在終點處還有盛大的園遊會和相關表演活動，每年的遊行，為舊金山吸引數百萬的觀光人潮，早已是舊金山最熱門的觀光活動之一。我們去金大哥家牽車回飯店載行李時，還特意避開遊行路段，早早離開舊金山，隔天看了新聞報導，才知與此盛大活動失之交臂，懊惱萬分。

金門公園的大麻煙日

27 日一早,我們徒步走過聯合廣場,沿著市場街來到市政廳,市政廳的圓頂號稱美國西岸最高的羅馬式建築,我經過安全檢查後進入市政廳參觀,這是我看過的電影場景,也是在美國參觀過最華麗的建築之一,大廳上有幾對新人在拍照,還有許多親人都穿著禮服,Tina 和 Iggy 嫌檢查背包很麻煩,就在大廳入口外休息,錯過這些勝景,參觀完我就秀出相機裡的照片來向他們兩個懶人炫耀,讓他們後悔偷懶。

走出市政廳,按照地圖找到往金門公園的公車路線,卻在路邊找不到站牌,這就奇了,有路線沒站牌,如何等車搭車?

忽然 Iggy 叫:「在這裡!」他指著電線杆

原來舊金山許多路段的公車站牌就在路邊的路燈桿上,一個噴漆的小小數字,就是公車站牌,這也太精簡,太神奇了吧!

• 電線杆上的噴漆數字就是公車路線和站牌

• 金門公園內宏偉的羅馬風格露天音樂演奏台

• 日本花園的門口

• 開闊的草地和歐式碑亭

　　舊金山的金門公園浩大到無邊無岸，我們搭公車到海邊的終點站，再往回走進公園，就在荷蘭花園裡，我第一次看見蜂鳥正停滯在空中採食花蜜，這小傢伙動作超快，我來不及拿相機對焦，牠就飛了，完全沒得商量，花園裡的那座老風車也似乎在某部電影的情節中出現過。出了公園，再轉搭一趟公車，才到達古典的中央花園，這裡聚集許多假日遊客，據說就在這裡，每年會有一天開放吸食大麻菸，是哪一天？我們很好奇，但是就不會是今天，說真的如果湊巧遇上了，我還是會很好奇地來聞一聞二手菸，看看那些菸癮者的慵懶百態，但日子不對，我們就無緣見識囉！

唐人街

我趕緊告訴還要繼續住在美國的 Iggy，我所知道的常識：

「依據柏克萊加大神經生物學教授 David Presti 的研究結論：大麻對人體來說，是藥也是毒。」

Tina 緊接著地說：「有醫學研究，長期吸食大麻，會導致出現精神問題症狀，記憶力受損和反應遲鈍。」

Iggy：「我知道，你們放心。」

出了公園，Iggy 在手機 app「Yelp」搜尋到一家越南餐廳吃午餐，這餐牛肉麵沒傳說中的好吃，不好的服務依然要付小費，傷了一次荷包。回程經過卡斯楚街，見到街旁彩虹旗到處飄揚。

在舊金山的唐人街逛街是一種不同的體驗，這麼多的東方人以一種有別於西方世界的生活方式在西方的土地上生活著，我目睹就在唐人街超市邊的人行道上，一群東方面孔的婦人，正搶著向一個像遊民的白人購買從大紙箱裡取出的鮭魚骨，一條鮭魚骨頭一塊錢，用從超商取來的塑膠袋裝袋，我想這些魚骨應該是某個高級餐廳廚房或是漁販切除肉片後不要的鮭魚骨吧！這個

• 舊金山的唐人街是全美國最大的唐人街，同時飄揚著青天白日旗和五星旗

遊民有生意頭腦，他知道這些結構完整的魚骨、魚鰭和尾巴都是亞洲人煮湯的好材料，看到這場景讓我好想念味噌魚湯。中午，我們在一家牆上掛著許多僑委會頒發獎狀的餐廳吃簡餐，經濟實惠，就是那些印有國旗的獎狀吸引我，尤其是老闆的台灣腔國語，格外親切。餐後我們走到 Sacramento St. 和 Jones St. 路口的超市買了一大片鮭魚和兩隻黃金蟹，回飯店做晚餐，準備迎接小女兒 Zoe 的來到。

傍晚時分，我和 Tina 正在青年旅館的大廚房煎鮭魚時，三個來自愛爾蘭的青年，把他們釣來的三條大鮭魚搬進廚房，這群人面對大魚束手無策，問我如何處理，面對每條都有三尺長的大魚，從沒自己殺過魚的我們也是

• 我們自己炊煮大黃金蟹迎接女兒的到來

「無法度」，他們實在沒辦法，其中一個很大方地說要賣我 10 元，這場景要是發生在台灣我早就不客氣了，但是在國外還是只能望魚興嘆，只是很心疼剛剛才花了十幾塊錢買的小小鮭魚片。

晚上 Iggy 順利從機場接到 Zoe 回到飯店，我們正吃著晚餐時，他們找來一個看來功力了得的年輕人，正攤開他的殺魚工具包，汗流浹背的片下三條大鮭魚的肉片，然後以極為瀟灑的姿勢把魚骨和魚頭拋進垃圾桶，我的內心尖叫「啊！」了一聲，腦子裡閃出早上在唐人街搶購魚骨的亞洲婦人影像，還有鮮美的味增魚湯，而此時我的手上還正撥開清蒸的黃金蟹……

剛滿 20 歲的 Zoe 因為大學的假期在六月底才結束，她又必須參加系上一個重要活動，無法跟著我和 Tina 享受淡季較便宜的機票，向來個性獨立的她，必須一個人

從台北到東京轉機再到舊金山，這是她的第一次單飛，既然她從小就有多次出國的經驗，現代通訊又這麼方便，我們雖然有些擔心，但還是讓她自己來跟我們會合，不過當她出現在我們面前時，著實讓我們嚇一跳，長髮不見了，原來出國的前幾天，她忽然決定把長髮剪了，雖然俏麗，卻更顯得清瘦，噯！這小女兒就是常讓我們覺得沒照顧好她，我常笑著說她：「妳就像個窮人家的小孩，還蠻符合畫家家庭的成員的特質。」

• 在唐人街的餐廳吃到有台灣味的可口麵食

F 線公車

• 各種造型的 F 線有軌電車，
　有著濃濃的懷舊氣息

　　舊金山的 F 線公車真是超級可愛，這是一條行經舊金山最熱鬧的市場街、聯合碼頭到漁人碼頭的來回有軌電車，舊金山市府收集了許多美國各地淘汰的老舊電車，維修整理後，原樣重現地在這條線上行駛，讓你在等車時會有期待和驚喜，因為每一次搭到的可能都是造型不一樣的復古電車，在適逢同性戀遊行的大日子裡，我們和一群奇裝異服的假男假女們，一起擠在一輛開著窗戶、車頂上有著旋轉電扇的電車裡，而後面的大男生正用著他的假奶頂著我往車內擠，比起舉世聞名、票價 6 塊的叮噹車，這 2.5 塊錢的 F 線電車真是太可愛了！

• 恩典座堂的精采壁畫，符合觀賞者視平線高度的透視法描寫，非常逼真。

• 恩典座堂描寫聯合國成立大會的壁畫。

事，一幅幅的壁畫裡記錄了這個教區裡發生過的歷史故事，畫面中的視平線都符合我們的高度，畫中人物都和我們等身，彷彿我們就隔著列柱觀看儀式的進行，參與這些歷史盛會，偶而畫中人物會和我們的眼神交會，更讓我宛如置身其間，最後一幅壁畫描寫著人類在經歷兩次世界大戰之後，理性地建立一個世界和平機構－聯合國，畫中將參與的創始會員國國旗都畫在畫面上，青天白日滿地紅的國旗就飄揚在這畫面之中，我感動的好想哭，台灣人應該都來看看。

位於 California st. 和 Taylor st. 街交會處的恩典座堂（Grace Cathedral），是美國聖公會加利福尼亞教區的主教座堂，位於舊金山市區內的諾布山高地。這座教堂是一個教徒和遊客的國際朝聖中心。我懷著敬慕的心情而來，這裡有著名的亨里克•德•羅森 (Jan Henryk De Rosen) 的馬賽克和羅倫佐·吉柏蒂（Lorenzo Ghiberti）在翡冷翠的《天堂之門》複製品。最吸引我的是這裡的壁畫，就畫在真實列柱間的牆面，呈現著不同時代的故

• 恩典座堂的哥德式教堂，就座落於舊金山市區內的諾布山高地。

• 藝術宮公園的景觀。

藝術宮

從 29 日開始 Zoe 加入陣容,旅遊夥伴從三個人增加為四個人,就先從參觀藝術宮開始,藝術宮最初建造於 1915 年的巴拿馬太平洋國際博覽會,是以一些簡單建材搭建的臨時建築。博覽會後,藝術宮被保留下來, 之後漸被遺忘,到 1959 已殘破不堪。直到 1964 年才由當地居民努力籌措經費及在市府的協助下, 以鋼骨結構重建修護,保留模仿古羅馬的建築風格,壯觀美麗,總讓遊客讚嘆不已。蘇格蘭老帥哥史恩康納萊和尼可拉斯凱吉主演的絕地任務(The Rock)中,他演一個被通緝且不能公開身分的角色,在解除危機後和心愛的女兒就相約在這地方見面。宮前的池塘裡的水鴨、天鵝、噴泉、加上水中倒影,讓人留連忘返。

•漫步在藝術宮的庭園中，有著回到羅馬時代的感覺。

參觀完藝術宮和遠眺金門大橋後，我們徒步到九曲花街（Lombard St.），幾個交通警察引導從三個方向進來的車輛通過這條號稱全世界最美的街道，也是全世界最彎曲的城市街道，也堪稱世界最繁忙的街道，車輛緊密的通過，幾乎沒有間隙，我猜這裡的住家對這環境必定是又愛又恨，街頂的高度可以遠眺海灣大橋，惡魔島和水塔，果真有美麗的視野。

•藝術宮的花圃中一對撫育幼鵝的白天鵝，常追咬靠近小天鵝的遊客。

• 酸麵包的口感不佳，但麵包造型卻很有變化

我們慕名而來漁人碼頭聞名的酸麵包巧達湯，排隊點餐，先喝湯再吃麵包，湯的口感是不錯啦，但是碗狀裝湯的酸麵包又硬又酸，除了造型可愛之外，真讓我們不敢恭維了。接著我們忍痛以一個人6塊錢的高價登上叮噹車（其實2004年我來的時候才3塊，票價漲一倍了夠嚇人），本想要體驗人掛在車外，吹風看風景的逛街樂趣，卻被一個老車掌制止，一定要進到車內，「電影又騙人了！」Zoe很不滿意。

• Zoe 在舊金山最繁忙的街道留影

• 這一份漢堡淋上濃濃的起司，是屬於西岸才有的連鎖漢堡店 IN-N-OUT 的特色

榮耀的象徵　19x30cm　2013
星條旗飄揚在舊金山市政廳，美國西部最大的羅馬式圓頂建築之上

陽光的背後　29x20cm 2013

飄揚舊金山的青天白日滿地紅 20x31cm 2013
在舊金山的唐人街，青天白日滿地紅的國旗和五星旗同時飄揚

舊金山的羅馬風 30x45cm 2013
1915 年的巴拿馬太平洋國際博覽會之後，藝術宮被保留下來，現在已成為重要景點

舊金山的羅馬風　創作過程圖

①

②

④

⑤

③

⑥

懷舊的 F 老先生 30x45cm 2013

遠眺金山灣　20x29cm　2013

穿越內華達 (Nevada) 到鹽湖城

　　我們依依不捨地驅車離開舊金山，可惜事前功課做得不夠，錯過了就在這一天舉行的同志大遊行，沿著 80 號國道離開舊金山，經過海灣大橋，原想比照經過金門大橋的方式錄下高聳的橋墩，但是卻只能走在北上的下層車道，這樣的雙層橋還是第一次經過。

　　離開加州，進入內華達州，這已經是我們行程中的第四個州，趕往拉斯維加斯之外的另一個賭城 Reno，我們預定了 Super 8 的 Motel，這家聞名全美的連鎖汽車旅館，平價又乾淨，Iggy 就是喜歡它，尤其愛用台式國語念他的名子「超級8」。你也可以試著唸唸看！說！

「厚喔~~〈拉長音〉！你講髒話！」

• RENO 巴士總站的招牌，是一部被矗立在高空中的大巴士，讓我們瞠目結舌

• 假日的上午，賭城竟然如此冷清

穿越內華達 (Nevada) 到鹽湖城

　　在假日的早上逛賭城 Reno，我們真像是一群呆瓜，一來街上無人，二來我們怕輸不敢進賭場，看著在白天一點都不美的霓虹燈管曬大太陽，四個人閒逛一圈又上車繞了幾個街口，預期會像拉斯維加般的熱鬧景象完全沒出現，落差也太大了吧，好吧！那就趕路唄！

• 穿越沙漠的火車，是無法將頭尾都拍入畫面的。

• 讓我以為沙漠風暴即將來臨的烏雲。

車行在沙漠的 80 號高速公路，遠遠地看著天際烏雲密布，車外又颳起強風，似乎沙漠風暴就要來臨，烏雲像牽絲般的下垂，依我的人生經驗看來大雨要來了，這可是難得地經驗喔，沙漠大雨耶！三十分鐘過後，老天像說謊的孩子，期待的雨還是沒下，大地依然乾涸，一望無際的大沙漠，遠望有一處蒸氣升騰的地方，原來就是一座大湖，水分在乾旱的大地中揮發，竟是如此清晰可見。忽然傳來後座的喃喃自語聲，「……32，33，34……」原來 Zoe 正望著窗外數著一列穿越沙漠的火車，不見頭尾，這也太長了吧，一共是 121 節貨車，這真是鐵路奇觀。

照例當 Iggy 駕駛時，副駕駛座就是 Zoe 負責導航，Zoe 拿出汽車使用手冊，開始逐一檢視駕駛儀表板的各項功能，找到定速功能，這太棒了，尤其在路直車少的沙漠裡，我們竟然租車十天後才發現這項設施。

穿過內華達沙漠之後，我們進入 Utah 大鹽地，一路上看向遠處，都以為有一灘水，但當車子開近一看，仍是一片乾涸大地，海市蜃樓的假象幾度讓我們誤以為前面就是大鹽湖。

我們選擇住在城外 Westvally City 的 Motel，安頓好之後，我們就進入鹽湖城這個摩門教的大本營參觀去了。

• 大連結車在穿越大鹽田的公路上奔馳。

• 矗立在穿越大鹽湖的 80 號國道旁的一棵大樹

鹽湖城（SALT LAKE CITY）

鹽湖城，美國猶他州的首府和最大城市，市區人口為 1,018,826 人，名列美國西部內陸城市的第三位，僅次於丹佛和鳳凰城。鹽湖城是 1847 年由楊百翰率領一批耶穌基督後期聖徒教會（摩門教）的信徒在此拓荒所建成的一座城市，此後，該教會的總會一直位於鹽湖城。目前超過半數的當地人士為該教會教徒。

我們到達摩門教聖殿總堂參觀，見識這個世界摩門教總部的壯觀宏偉，一位導覽的教友是來自台灣的年輕小姐，胸前佩著國旗胸章，親切地帶著我們參觀楊百翰的故居，在她的口中這棟樸實的洋樓，對我們來說已經是豪宅的等級了，導覽的台灣小姐絕口不提楊百翰有多少個妻子和多少個孩子，似乎符合了 Tina 的期待。

• 楊百翰故居的起居室，即使不算豪宅也夠華麗了。

• 舉行宗教儀式的大堂。

• 摩門教總部的大聖堂高聳入雲。

在大鹽湖游泳

七月二號早上，我們通過一條長長的路進入羚羊島州立公園，要 10 塊大銀，老鷹卡無用，為了一償在鹽海浮水的夢想，大太陽下我和 Iggy 踩過發燙的沙灘來到鹽湖邊，立刻受到蒼蠅的攻擊，這些略小於台灣蒼蠅的蟲子，是美國少數比台灣小的東西，牠們的數量特多，但無損我對鹽湖的嚮往和勇氣，於是縱身入湖，一下水，我忽然發現被大群粉紅色的外星生物包圍，這是一種可以生長在高鹽分水中的奇特生物，剛剛才在遊客中心的解說牌看到放大圖，其貌不揚；可能是太緊張或是人在他鄉的生疏感，我竟然無法自然的浮起來，那種輕鬆的水裡浮起，躺在水面看書的期待全然破滅，我努力地讓自己的頭可以在水面上，然後張開口來呼吸，「阿～呸！」路過的蒼蠅無辜的被吸入我的嘴巴 $#%@&*%#$……；於是我帶著幾分希望破滅後的憂傷，離開大鹽湖

• 觀察從湖水中撈起來的粉紅色小蝦

• 我要下水了，陪伴我的是密密麻麻的小蒼蠅，照片上看到的小黑點都是。

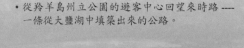

• 從羚羊島州立公園的遊客中心回望來時路──一條從大鹽湖中填築出來的公路。

摩門聖殿　23x31cm　2013

大鹽湖畔的小徑　18 x 25cm　2014

前往黃石公園（YELLOWSTONE NP）

　　離開鹽湖城也離開了猶他州，進入我們行程中的第六個州－「愛達荷州 Idaho」，進入州界，很快地來到朋友邱教授任教的 Pocatello 的愛達荷州立大學，我們利用寄宿他家的兩天好好休息，紓解這些日子來旅途奔波的辛苦，暑假期間他正帶著妻兒回台灣，所以他家就被我們佔領兩天，進入典雅的客廳，立刻被牆上的畫吸引，似曾相識既熟悉又陌生的感覺湧上心頭，哇！原來我二十多年前的作品就掛在牆上，這讓我好感動，除了 Tina，Iggy 和 Zoe 根本看不出這是我多年前的作品，說真的，我的畫改變的也真大，看著以前的畫作缺點那麼多，是有點汗顏，這顯然我自己是進步了，有點暗喜。

• 為邱教授留下的速寫作品之二

• 為邱教授留下的速寫作品之一

前往

黃石公園

（YELLOWSTONE）

「你為甚麼喜歡水彩，而不畫油畫？」Zoe 看著我十多年前的畫問我

「大概是個性吧，水性輕柔比較像我，不是嗎？」我自嘲地說

「繪畫市場不是油畫比較受歡迎嗎？」Zoe 接著問

「西方繪畫本來就是以油畫為主流，早期水彩雖然是油畫的草稿，但是它的方便性促成 18 世紀後水彩慢慢獨立出來，成為一種新的畫種。」

「不是說學油畫，要先學水彩嗎？」

「那是一種誤解，其實技巧性和創作過程完全不同，沒有先後的問題」

「那，你為什麼不畫油畫？」

「我就是喜歡技巧比較有挑戰性的水彩！畫畫的人都知道，水彩難畫多囉」

「你爸有點臭屁，畫賣得不好就臭屁不起來了。」Tina 接著說

「賣不賣沒關係，畫得爽就好，又可以當傳家寶」我趕緊說

「我們家的傳家寶也太多了吧？得再買間房子來放！」Tina 下了結論。

　　七月三日，我們享受一天的悠閒，沒有趕路也沒有參觀景點，於是就為邱教授畫了兩幅小品速寫，記錄這一棟

建造於 1928 年的老屋子，以房子為主題的畫，很不好畫，畫得太硬看起來會像建築圖，我用樹來遮住一部分房子，看來比較有空間層次和水分趣味。來到美國已經 13 天，還沒享受到嚮往已久的美國牛肉，今天實在很想吃美國牛排，於是我們去了一趟超市採購，傍晚就煎幾塊牛排，暗赭色的牛排搭配鮮甜的黃玉米和翠綠的青花菜當晚餐，加上多樣水果，大大地犒賞一下自己，這頓大餐不用付稅也不用付小費，超過癮的，但這棟典雅的老房子，就被我們一家人搞得油香四溢，害 Tina 不斷細心地擦拭廚房，深怕留下油漬和油煙味。

• 這是一道豐盛又美味的晚餐，花費不多，因為是自己下廚。

• 吃過晚餐就要清理廚房，深怕留下濃濃的油煙味。

• 兄妹倆悠閒地在木屋前聊天。

選擇七月四日美國國慶這一天，我們離開 Pocatello 也揮別愛達荷州，進入第七個州 - 懷俄明州 Wyoming，目標是大提頓（Grand Teton）國家公園。我們先經過一個西部味極濃的城市 Jackson，它位於懷俄明州（Wyoming）提頓山脈的谷地裡，這裡岩層雖然古老，但其造山活動相當年輕，約一千萬年前，斷層兩邊的岩體互相錯離，西邊地塊形成提頓山脈，東邊岩體則陷落成為凹下的谷地，被叫做「傑克森洞」（Jackson Hole），這個名字來源，是在十九世紀，有許多獵人到這裡來設置陷阱、捕捉野獸，傑克森是其中的一位獵人，之後，有許多農人、移民也都來到這個地方，逐漸形成現在的傑克森市，從前，它是獵人交易毛皮、補給休憩及牛群遍野的小鎮，由於位居前往大提頓與黃石公園的重要位置，如今已轉型為觀光勝地，附近山上設有滑雪場，冬天有

很多人前來滑雪，觀光與滑雪成為它主要的經濟來源。

Jackson 是個「牛仔城」，以濃濃西部風情為號召，這裡的房子全部都是仿西部牛仔小鎮建成的，騎樓下的行人步道也都是木板鋪成，一座用木頭蓋的小教堂和鐘塔吸引了我，於是利用 Iggy 和 Zoe 去買午餐的時間，我畫了一張十六開速寫小品。

另一個很吸引我的是在 Jackson 市中心有座鹿角公園，用鹿角做成的四座半圓形拱門，非常壯觀，是收集自然脫落的麋鹿角做成的，因為市區附近有座國家麋鹿保護區，在冬天的時候，山上積雪，麋鹿會下山到這裡過冬，春天來臨時，鹿又會回到山裡，冬天鹿角會自然脫落，春天再長出新角，脫落的鹿角已經鈣化了，是無法泡酒來養身了，卻是很好的裝飾品。

大堤頓國家公園是黃石公園南邊的一個小型國家公園，高聳的山頭長年積雪，尤其是主峰成為派拉蒙電影公司的片頭 logo，我們在山腳下的湖邊賞景，看著熱愛水上運動的美國人泛舟、露營。

欣賞過大提頓國家公園的美景之後，這一晚我們以極高的價格住宿在極為偏僻的 Flagg Ranch 的營地小木屋，誰叫我們在全美國最重要的國慶假期來到黃石公園。進駐小木屋時隔壁的韓國人正在走廊上用小瓦斯爐煮晚餐，我不清楚這裡的小木屋是否禁止燃火，但是以我 2004 年在美國西部露營的經驗，大部分的營地木屋是禁止的，我好想報警，但我也怕鬧笑話。

七月五日清早，我們在營地的華麗餐廳裡吃早餐，早餐的選項和價格都很華麗，當 Tina 還想再確認這頓早餐是否含在昂貴的住宿費裡，以及令人頭痛的稅金和小費時，已經來不及了，上菜了，我也開動了，反正都不付現金，而是由 Iggy 刷卡，我就當沒看到。餐後我們興奮地朝慕名已久的黃石公園出發，記得在西雅圖的一家中餐廳用午餐時，操台灣腔國語的老闆說：「沒去黃石，別說你來過美國」，這讓我們好期待這趟黃石之旅。

傑克森老教堂 23x31cm 2013

大堤頓的森林 18x25cm 2013

大堤頓湖岸 30x45cm 2013

悠游綠水間　30x45cm 2013

群峰擁白頭　30x45cm　2013

黃石公園的老忠實 YELLOWSTONE

　　進入黃石大門，一路上風光明媚，來到老忠實噴泉的遊客中心，熱鬧非凡，這裡幾乎就是黃石公園裡最重要的景點，是所有遊客必到的地方，當我們還在停車場找停車位時，就看到北邊不遠的高處正噴出濃濃的水蒸氣，老忠實噴泉秀正在演出，我們錯過了，不過我們知道還會有下一場，再下一場，再下下一場，連太陽下山的夜裡，老忠實都會毫不吝嗇的為民眾展現他的風采。就在我們走近遊客中心大廳時，工作人員正在更換下一場噴泉秀的時間預告，這不禁讓我們懷疑老忠實真會這麼準時嗎？這可不是可以人為控制的啊！

　　就在遊客中心的另一側，我們先參觀這一棟百年木造的老忠實旅店（Old Faithful Inn），粗曠的西部風格令人讚嘆，尤其是大廳上的大壁爐煙囪直上天際，我看少說有有十層樓高，完全用木頭堆疊起來，整個大廳滿是觀光客，二樓三樓的外陽台就可以眺望老忠實噴泉，許多遊客就在這裡野餐，這樣具有特色又達百年歷史的旅館，即使不能住上一晚，也不能不參觀啊！

• 全木造的老忠實旅店外觀。

• 老忠實旅店宏偉的挑高大廳。

• 如果願意多走一點路，繞到另外一邊更能享受全方位的體驗，讓泉水噴灑全身。

終於又等到老忠實泉噴發的時間了，噴泉的四周圍滿遊客，我和 Iggy 繞過圓周到對面人少的地方，看著手錶，噴水口果然在公告的預定時間開始冒出熱泉，然後越來越激烈的直上雲霄，噴上高空的泉水順風落到我身上，

Iggy 大叫：「哇！這是觀賞老忠實的全方位體驗，視覺、聽覺、嗅覺加上觸覺！」

• 雖然預告老忠實噴發時間的看板上，有十分鐘彈性空間，但還是準時噴發。

　　觀看野生動物是參觀黃石公園的重頭
戲，當我們離開老忠實泉不久，就遇到塞
車，原來是一群鹿正安靜地在路旁的森林裡
吃草，車隊幾乎也就跟著安靜起來拼命地拍
照。Zoe一直期待能看到大熊，所以除了司
機以外，我們每個人都盯著路邊的森林裡尋
找大熊的蹤跡，可惜害羞的熊可沒像野牛大
方，喜歡逛大街的野牛就常讓公路塞車。

• 大野牛逛大街就塞車了，人車都被堵得心甘情願。

• 黃石公園的地熱景觀之二

• 鹿群安靜的在草地午餐。

• 野牛體型龐大，卻有一雙溫柔的大眼睛。

• 黃石公園的地熱景觀之一

黃石湖畔　23x31cm　2014

大自然準時上演的秀 23x31cm 2014

黃石白木林　23x31cm 2014
多年前黃石公園森林大火後留下的枯林，成為一種另類的景觀，我用一點留白膠加上一些不透明的白色修飾出細細的樹枝。

黃石的野牛群　30x45cm 2013
大野牛悠遊於暮色中的大草原，夏季這裡是野生動物的天堂

暮色中的黄石大瀑布 18x25cm 2013

夜奔驚心

沿著黃石大峽谷的南岸公路走到盡頭停車場，以最佳的視角觀看賞大峽谷大瀑布，這個幾度曾在照片上看過的山谷和瀑布，如今以壯闊的姿態呈現在我的眼前，天空飄著細雨，溫度極低，深邃的山谷下傳來萬馬奔騰的河水轟隆轟隆的聲響，臨場的感受，是如此真實的震撼人心，不禁想抓住這份感動，揮灑完小品速寫，激動的情緒才慢慢平復；揮別壯闊的黃石大瀑布後，經過草原、森林我們沿著黃石湖的東岸南下，從公園東口離開黃石，天色已幽暗，路旁多年前火災後的森林顯得非常蕭瑟，漸漸的我們幾乎就看不到路邊的景色，只有我們一部車孤獨地在 20 號公路上奔馳，此時天下起雨來了，接著 Iggy 發現在這偏僻的地方網路不通，手機上的導航找不到住宿點正確位置，連電話都沒訊號，天色蒼茫的雨夜，我們想起 Iggy 講過的恐怖旅店電影，更

• 連接黃石公園東口的 20 號景觀公路迂迴在山谷中，美景處處。

• 推開我們住宿的房門，赫然見到的谷地美景。

• 回頭補看美景，20 號公路一點都沒讓我們失望。

• Buffalo bill reservoir 水庫的淺水區棲息著白鵜鶘,就在我們住宿 MOTEL 山坡下。

讓人心慌,這家人沒事還講鬼故事自己嚇自己,我們只能加快速度前進,夜奔 Cody,尋找預定好的一個偏僻 Motel。

Iggy 說訂房時的時候,清楚的看到網路照片裡,這個 Motel 有個很西部式的紅色木頭大門,心想這個特徵應該很明顯很好認的,可是我們發現這一路上的農場、旅館都是這樣的大門,好像就是大家說好似地,大約 11 點,終於在極度挨餓的情況下住進 Motel,這個獨棟木屋遠離辦公廳,主人下班了,我們打電話聯絡找到被預留的鑰匙,開房門,吃泡麵,已接近午夜,累極了就一夜無話了。

隔天,陽光耀眼得讓我不得不醒來,推門而出不禁歡呼起來:「哇!太美了!」

原來我們在小山丘上的房間,門外就是一片開闊的谷地,起伏連綿的山巒在炫麗的陽光下展現繽紛的色彩,雲彩飄過,山色明暗變換煞是美麗,於是一點都不計較沒早餐吃。當下我有一個感覺,昨天夜裡一路地趕,在黑夜裡我們一定錯過許多美景,所以我們就決定往回走,把這條 20 號公路美景補看回來。

• 20 號景觀公路沿著 Buffalo bill reservoir 水岸邊,往 CODY 小鎮

岩下路過　30x45cm 2013

岩壁下的彎道 23x31cm 2014

牧場風光 18x25cm 2013

回顧了 20 號景觀大道之後，順道參觀一座興建於 1910 年的百年水壩和下游的州立公園，再從 14 號道路接上 90 號高速國道趕路，目的地是 Gillette 這個城市，沒錯，和刮鬍刀品牌名字一樣，我們今晚住宿的地方。

Zoe：「美麗的風景畫一定是要畫美麗的風景嗎？」

我回答：「喔！這不一定，除了美麗的風景之外，構成一幅美麗的風景畫的條件有很多」

「那不美的風景也可以畫出美麗的風景畫嗎？」

「是呀，決定一幅美麗的風景畫，除了本身的條件之外，還有季節、天氣、時間和光線的影響，更重要的是畫家的技巧和素養。」

「畫家創作時可以改變當時所看到的實際風景嗎？」

「當然！畫家往往就只是參考當時所看到的風景，實際上創作時可以再加以改變，豐富美的元素，畫出心中最美的畫面。」

「那就是說畫家可以移山倒海、任意改變？」

「上帝創作美麗的大地，畫家創作美麗的畫，在畫紙上，畫家就是上帝。」

• Buffalo Bill Dam 發電廠出水口在峽谷中噴出的巨大水柱

「這樣會不會不夠真實，像作假？」

「所以，我的創作都是有依據的，絕不無中生有，無中生有的的創作，久而久之，容易流於重複的樣式，就會是你說的不夠真實，做假。」

「那你創作的依據是甚麼？」

「我的創作是改造，依據我看到的景物，擷取最好的角度和構圖做為創作元素，加上個人的視覺經驗，美學素養來調整畫面的光線、色彩和明暗，融合繪畫性的表現，媒材的特性讓畫面更美。」

「繪畫性和媒材的特性指的是甚麼？」

「以我畫水彩來說，水彩的特性包含水性顏料在紙張上的各種可能，像暈染、擴散、漸層、沉澱……等等，繪畫性就是畫家個人的繪畫形式及特色，像是在畫面上的筆觸、刷痕、用色……等等，不過，我認為最重要還是畫家的美學素養。」

　　此時 Iggy 說話了「前面有火災，冒黑煙！」我們都把目光移往車外

　　在主要的公路上塞車

了，這是來美國旅行的第一次，遠遠的彎道處有濃煙冒出來，消防車在左側的對向車道呼嘯而過，是因為路旁有火燒車，在這全球最多車輛的國家，這必然是會發生的事，慢慢地接近事故點，一輛燒焦的車子被攔在路旁，警察和消防員圍著它，我好奇地想看看有沒有焦屍，

「沒有啦！快走啦，後面塞車了，台灣人就是愛看熱鬧！」

「那前面的美國人都沒在看嗎？要不然會塞車嗎？」

• 造成塞車的主要原因 - 火燒車

• 讀大學時看過的史蒂芬史匹柏電影，＜第三類接觸＞讓人印象深刻

中午吃過牛肉大餐後，繼續趕路，傍晚在遊客中心的志工阿嬤的說明下，我們分別用手機打卡，然後獲贈一組貼紙，其中一張叫魔鬼塔（Devils Tower），很像墾丁大尖山的山形，就是史蒂芬．史匹伯早期電影《第三類接觸》的場景，記得那是我讀大學時的電影名片，拿到貼紙看著格外親切；美國戲劇學院在 1998 年時，將《第三類接觸》列入美國影史 100 大名單中，排名第 64 位。晚餐在 Gillette 吃中式自助餐，然後住宿 Motel。

拉斯摩爾山

（MOUNT RUSHMORE NATIONAL MEMOR

拉斯摩爾山
（MOUNT RUSHMORE NATIONAL MEMORIAL）

七月七日揮別懷俄明
州，沿著 90 號國道跨州到
第八個州 - 南達科他州，四
總統群像是今天的重頭戲，
從 90 號 進 入 Rapid City
市區時已經中午，整車人
都嗷嗷待哺，在假日空蕩
蕩的停車場邊有一處綠地
公園，豎立著幾片牆壁，

「那樣子很像柏林圍牆，
怎麼會在這裡放這幾片圍
牆？」剛在冬天去過柏林
的 Iggy 說到。

「應該是姐妹市的贈品
吧！」我猜測地說「下車
看看便知道！」

「賓果！這是姊妹市送的
公園」難怪公園內的解說
牌訴說著東西柏林被分隔
的悲慘故事。

吃過午餐，從 16 號
公路南下 22 英哩就到達
拉斯摩爾山。對 Mount
Rushmore 的印象，來自念

• 南達科他州州界的地標，是印地安人的帳蓬支架，造型簡潔優美。

• 去年冬天剛度過一次柏林假期的 Iggy 對柏林圍牆印象深刻，遠遠地就認出它的造型。

高中時在電視中看過的一
部希區考克的電影《北西
北》，這是一部驚悚懸疑
片，1959 年拍攝，被認為
是希區考克的經典之作，由
好萊塢影星卡萊葛倫主演，
曾被美國電影學會選為百年
百大驚悚電影第 4 名。

• RAPID CITY 市區的一個小公園裡陳述著柏林圍牆的故事

• 超級比一比，到底誰比較帥。

拉斯摩爾山的全名應該是拉斯摩爾山國家紀念公園（Mount Rushmore National Memorial），俗稱美國總統公園或美國總統山。公園內四座總統像都高達 60 英尺，約 18 公尺，他們分別是華盛頓、傑佛遜、老羅斯福和林肯，這四位總統被認為代表了美國建國 150 年來的歷史。1927 年開始興建，1941 年完成，至今，拉斯摩爾山不僅成為了一個世界級的旅遊勝地，還成為美國文化的象徵。

• 拉斯摩爾山博物館內展示著雕刻頭像的故事。

四總統群像前的博物館，除了展示著興工過程的資料之外，也陳列一些環保議題的資

• 高中樂隊以整齊的服裝和步伐進入露天演奏廳。

料，其中令人怵目驚心的是兩幅從天空俯拍的照片，訴說著美國森林遭受松材線蟲危害的慘狀，看來這個世界最強的國家對這個小蟲，還是束手無策，是不是有點諷刺。

• 全體美國人肅立聆聽高中樂團演奏的美國國歌。

我們四人擺好架式和這四位大老合影，我們以嚴肅的神情來吻合這個情境，論長相我們一點都不遜色，論成就那就甭提了，請個老外幫忙拍照，這老外滿頭霧水，一定會覺得，這家人來這裡玩怎麼這麼不快樂；照完後，忽然一隊來自懷俄明州的高中樂團，很正式地演奏起美國國歌，全場人都立刻肅立合唱，很顯然這個國家深受人民的愛戴，這對來自台灣的我，頗有感慨，難道我們真的必須要對立，而不能對我們的國家多愛一點？

• 往 WIND CAVE NP 走在 16A 公路上，依然可以多次的眺望四總統群像。

四大巨人　18x38cm　2014

在四總統群像的南邊緊鄰著 Custer SP 和 Wind Cave NP 兩個公園，旅遊資料上也介紹著這條 16A 公路的美景，所以我們衝著身上的老鷹卡要回本，就繼續南下，16A 一點都不讓我們失望，除了還可以在幾個彎道上遠眺四總統群像帶來的驚喜之外，山路漸行漸高，在幾個 360 度轉彎處，公路旋轉上升時就以橋樑跨過下方路段，這設計非常特別，光是欣賞這段路的風光就不虛此行了。

我們遵守對州立公園門口警衛的承諾，穿過州立公園時不下車，因為我們的目標是國家公園，所以不用買州立公園門票，只能穿越，當我們一進入國家公園時立即被草原上可愛的動物吸引，看了解說牌知道牠們就叫 Prairie Dog 草原狗，其實他們根本不是狗，是一種地鼠，應該就是我們台灣以前很流行的一種遊戲機打地鼠

• 沿著 79 公路北上回到 RAPID CITY，沿路上都是這樣典型的美國農村景色。

• 可愛的 prairie dog 草原狗，喜歡立在洞口上張望，呼叫出像狗吠的聲音。

的那群在小洞裡上上下下的小東西，很可愛喔！草原狗其實並不是狗，但它的叫聲和狗幾乎一模一樣。實是典型的齧齒類動物，它有一條短短的尾巴，它們沒事時就會坐在洞口的高處，立起身體張望，非常可愛，大草原就像個大市鎮，叫聲此起彼落好不熱鬧，據說這附近的許多牧場主人們都將草原狗視為大敵，認為它們毀壞牧場，使用各種方法獵殺他們。所以國家公園特別為草原狗留了一大片自然保護區，供它們在其中自由生長。

• 惡地國家公園景觀，像極了放大版的台灣月世界。

來 到 Wind Cave NP 根本不用買票，讓我們的 Eagle 卡無用武之地，因為它的精采之處全在地底下，有一種昂貴的地底洞穴旅行，必須由專業領隊帶領才可以進入，當我們在下午五點知道昂貴的門票價格和所需的漫長時間之後，於是我們這一群人忽然都有了幽閉恐懼症，真的是忽然有的，想像在幽暗的洞穴裡，不知有沒有野獸、妖怪或是魔鬼，那不是很恐怖嗎？那絕對不只是錢和時間的問題而已。

於是我們沿著典型美國鄉村景觀的 79 公路北上回到 Rapid City，

路上 Iggy 問到：「你聽過一萬小時定律嗎？」

「我知道，一位加拿大作家寫的一本暢銷書！他寫過《引爆趨勢》、《決斷兩秒間》等暢銷書。」

「那你認為你曾經為你的藝術創作下過一萬小時的功夫嗎？」

「沒算過，但是累積三十五年的創作經驗，尤其是退休後的這幾年，我相信應該不相上下。不過我相信任何人下功夫一萬個小時，不成專家也難。」

七月八日清晨，我們沿著90號國道繼續東行，一路順暢地轉南進入惡地國家公園（Badland NP），進到公園，站在山谷上方遠望無邊無際的惡地，Tina 說：「這裡真像個縮小版的大峽谷，也是個放大版的台灣月世界」，真是有點像，惡地的陡峭岩壁上有許多野生山羊，快速地上上下下奔跑，如履平地，讓人佩服不已；我們開著車沿著園區公路欣賞奇景，公路有時在峰頂高原，可以俯瞰壯觀的惡地峽谷，有時又下到谷地，感受到像走在迷宮般的陡峭岩壁之間。此時一隊重機車隊轟隆轟隆地在谷地公路巡遊，鮮麗的圍巾迎風飄揚，好令人羨慕。

我指著這個重機車隊對著 Iggy 說：「你可以想像一下，去年老爸機車環島寫生，在路程上的英姿，就是這個樣。」

Iggy：「有這麼豪邁嗎？」

「不就是機車稍小一號，體型也稍小一號吧！」

「你確定就只『稍』小一號嗎？」

嗳！現在年輕人說話就是這麼直，是他把我當朋友，不像是對長輩說的話吧！

• 這個東方女孩坐在咖啡小店前等待西部帥哥。

離開國家公園，已經時過中午，看著高速公路交流道的標示牌，下交流道選擇一家餐廳午餐，這是一家利用停在舊鐵軌上的火車餐車，餐廳後方是一處復古的西部小鎮遊樂區，名稱就叫「1880 TOWN」，午餐時我們從車窗望進去，還頗有電影中常見的西部場景，除了 Tina（也許累了，也許想省錢），我們都興致高昂地進去參觀；這是個不錯的體驗，除了西部拓荒時期的真實場景重現外，許多工作人員都是西部打扮，也鼓勵遊客租用服裝來照相，整個讓這裡充滿當年西部拓荒的氛圍，我們逐一參觀各種店鋪、酒吧、郵局、警察局，火車站……，當然我也拍了一些可以入畫的懷舊題材。

• 兄妹上演著火車大逃亡的戲碼。

• 這群從酒吧出來的遊客,穿著出租服裝嘻笑怒罵的逛大街。

• 來自台灣的年輕人制伏了西部小鎮的老牛仔

農莊盛夏　25x18cm 2013

山下的牧場 23X31cm 2013

老兵不死　30x45cm　2013

風車　21x45cm 2014

小鎮風光　21x29cm　2014

他鄉訪故知

七月九日，我們進入第九個州－明尼蘇達州，臨時起意的我們，決定從90國道轉60公路北上到明尼亞波里 (Minneapolis)，因為我們都聽過大聯盟的雙城隊和MBA的灰狼隊，而且Iggy說這個城市有一個號稱美國最大的購物中心；車上照例播放著連接自Iggy手機上的音樂，而每一次總會自動從第一個音樂檔案開始，所以旅行的這些日子來，我們都琅琅上口了，Iggy總是歉意地說：「樂團主唱鄭焙隆是我以前的同事，就算是幫他打歌囉」，

這首歌的前面是這麼唱的

• SPOONBRIDGE AND CHERRY，一隻超大的大瓢正從湖水中瓢起一個大櫻桃。

沒有你的溫柔 我怎麼會知道 我也可以很重要

沒有你的膽小 我怎麼會知道 馬路上不適合擁抱

沒有你的眼淚 我怎麼會知道 我的體貼愈來愈少

沒有過那麼久 我們怎麼知道 親愛的 你比較喜歡睡覺

仍然想要為你唱一首歌

仍然想要在冬天裡擁抱

仍然想要偷看你的微笑

一起加油吧！

（歌名：一起加油吧！曲詞歌手：鄭焙隆、鄭焙檍）

不知是什麼時候開始的，我們的旅行變成追逐球隊的城市，卻又沒時間看比賽，這樣的決定是有點好笑。明尼亞波里是明尼蘇達州最大的城市，位於密西西比河的兩岸，明尼蘇達河與密西西比河匯流點以北，緊鄰明尼蘇達州首府聖保羅，兩市合稱「雙子城」，擁有約360萬居民，位列美國第16大都會區。明尼亞波里是一

• 高速公路休息站的鳥食器，小鳥還是需要一番努力才能吃到葵瓜子。

個水資源豐富的城市，擁有 20 處湖泊和濕地、河濱與瀑布。在歷史上曾是世界的麵粉工業之都和重要的伐木業中心，也是公共園林系統的典範，據說這裡的每個住家到公園的距離都不超過 800 公尺。

• 藝術迷你高爾夫的等待區是露天沙發座，令人驚訝，下雨時怎麼辦？

• 我覺得在這樣的球場打球，是會增進感情的。

我們到達市區先到位於市區西郊的雕塑花園參觀，找到公園邊的免費停車格停車。公園的草地，正展示一座由藝術家設計的新潮奇特造型的迷你高爾夫球場，正在納悶這樣的球場真的能打球時，就看見有一對青年男女正在體驗這種頗具創意的迷你高爾夫。接著我們在雕塑公園裡找到許多名家的作品，最醒目的還是在水池中的作品＜ SPOONBRIDGE AND CHERRY ＞，一隻超大的大瓢正從湖水中瓢起一個大櫻桃；溫室花房內的綠牆和大鯉魚都很有創意；接著我們徒步跨過一座跨越 55 號公路的人行陸橋來到 Loring Park 公園，公園的北側有一座文藝復興式的 Basilica of St. Mary 教堂，南側有一座哥德式 St. Mark’s 教堂，天際線充滿變化之美。

號稱全美國最大的購物中心（Mall of America）就在明尼亞波里，我們豈能錯過，不是為了購物，是為了體驗它到底有多大，到了停車場就讓我聯想到紐約洋基球場的停車場，你必須記清楚停在哪一區，編號幾號，否則會找不到車可以回家，逛

• LORING PARK 公園北側的文藝復興式的 BASILICA OF S.MARY 教堂。

賣場時總要三不五時找平面圖，以確認自己的位置，到了美食區，我在 Iggy 推薦下吃了一次墨西哥菜當晚餐，然後在最高樓層的室內遊樂場內，站在雲霄飛車下方聆聽老外的尖叫，我可以確認，老外的肺活量真的有比較大。

• 在 MALL OF AMERICA 最高樓層的室內遊樂場內，我可以確證，老外的肺活量真的有比較大。

因為和邱校長約定，我們會在今天到達他在威斯康辛州南部的家，所以離開明尼亞波里之後，我們一路都以速限的上限 65 英哩的車速趕路，循著 94 國道南下進入第十個州威辛康辛州；風景快速地閃過眼簾

Zoe 問：「如果超速，是不是警車會從路旁的小路冒出來？」

我說：「好像是！電影都是這樣演的。」

Iggy：「要不要證實一下？」

Tina：「不要吧，我們 2006 年在美東旅行不就遇到過一次了？」

我：「對喔！當年是陳銓叔叔開的車，被西維吉尼亞州的公路警察鳴笛攔了下來，開了張超速罰單。」

「有繳嗎？」當時 Iggy 留在紐約

「沒繳吧，罰金太貴了！」我回答

Tina：「不是太貴啦！ 當時我們很有誠意的要繳錢，一路想著應該到哪裡去繳錢，不久就過了州界，馬上跑到休息站問當地的志工，那個銀白頭髮的老志工看了看那張罰單，皺了皺眉頭說，我不能告訴你怎麼做，這如果是我，我媽會說：『不要理他，丟垃圾桶吧！』」

我：「其實，我們是很想繳那筆罰款的，當然囉，我們更尊重老人家的意見。」

我對著 Iggy 說：「當時我們是旅行的過客，馬上要回國了，也真的不知道要到哪裡去？如何繳錢？如果像你是長期居留的話，我想還是要守法的好」。

傍晚我們已經到達威斯康辛州的南部，在日內瓦湖附近晚餐，吃＜重陽中國餐廳＞，可能是那個持大陸腔普通話的老闆，知道我們從台灣來，想要統戰一下，上的菜又多又油又有點鹹，讓我們體驗大陸菜的特點，我們實在吃不完，只好打包帶走。

明尼亞波里聖殿 30x45cm 2013

他鄉訪故知

依著導航，算準時間，在約定的天黑前下午八點到達校長家，進入不明顯的大門，車行在兩排行道樹之間，經過一大片草坪來到兩棟樓中間的空地，校長和師母和藹可親地出來相迎，

我實話向校長説：「很不好意思，我空手到，我只帶來30年繪畫的功夫，來為校長作畫的！」

校長客氣的説：「老朋友難得這麼老遠的來看我，人來了最重要，一定要住久一點！」對在他鄉流浪二十多天的我們來説，這話好溫馨感人。

現在我相信校長以前回台灣時説的：「他一整個夏天都駕駛著除草機在割草」，這裡除了一大片的草地還有一個小湖和一條小溪，還有遠遠的地方有一片森林，森林後面才是別人的一大片玉米田，當我們在餐桌前吃著師母準備的水果時，就看著一頭母鹿帶著兩隻小鹿走過湖前的草地。

• 校長家的後院，左方草坡下的平地，實際上是一個湖泊

• 清晨陽光中被校長謙稱為農舍的住家

• 我們搭船遊密西根湖，背景就是芝加哥的摩天大樓。

　　七月十一日，清早我們僅僅半個小時就進入第十一個州－伊利諾州，前往 Chicago，由擔任醫師的校長三公子－治賢帶領我們車遊西北大學，再到達熱鬧的海軍碼頭，搭船遊密西根湖和芝加哥河。

　　密西根湖是湖不是海，但是它大得真像是海，除了一望無際之外，陣陣的浪濤打在岸邊，發出的浪潮聲和海浪毫無區別，當然我的地理知識告訴我，是不需要去嚐嚐湖水來證明它是湖還是海，即使水是鹹的，它還是貨真價實的湖，就是猶他州鹹鹹的大鹽湖都沒比它更像是海。

　　船上的導遊口沫橫飛地講述著芝加哥和密西根湖的發展和歷史轉變，我是有聽沒有懂，倒是可以更全心地捕捉美麗和有特色的畫面：芝加哥摩天大樓的天際線此起彼落，壯觀又潔淨，接著船進入一個水閘門，水位漸漸的把我們的船抬高到河水的水位高度，接著我們進入芝加哥河，這

• 船從密西根湖進入芝加哥河的閘門，
由紅綠燈來指揮船隻進出的秩序。

是多年前看過的旅遊節目介紹的行程，原本就是為此來芝加哥的，沒想到治賢早已經為我們安排好這精采行程，實在是受寵若驚，我們沿著河岸可以看到許多著名的建築，大多是在芝加哥大火後，許多著名的建築師在這裡展現才華完成的，這可是許多學建築的人夢寐以求的旅行，我附庸風雅地欣賞這裡的建築美學，摩天大樓造型各有千秋，沿著河岸高聳入雲，大伙們紛紛高舉著脖子呈 90 度角仰視，說真的一趟下來，如果每一棟大樓都隨著導遊解說詳細觀看，包準脖子要貼膏藥，還好聽得懂的不多，我又急著拍河景照片，就沒事的啦！

• 沿著芝加哥河，可以抬頭張望，觀賞不同時期建築的代表作。

• 在黃昏的暖陽下，校長、志賢和兩個小男孫陪伴著我寫生，更幸福的是還有一杯紅酒。

傍晚回到校長家，我在午後陽光的樹蔭下開始畫畫，治賢送來一杯紅酒，高腳杯裡的紅酒映著夕陽更加地豔紅，這是我 30 多年來第一次創作時有紅酒相伴，平常不喝酒的我，發現這樣作畫，別有一番幸福滋味在心頭。

歡樂芝加哥　18x38cm 2013

跨越芝加哥 18x38cm 2014

密西根湖的方向燈 23x31cm 2014

七月十二日換由校長二女治玲當導遊，校長和師母陪同我們一起參觀移民村，這是個復原早期北歐移民生活面貌的園區，依序建有荷蘭、日耳曼、芬蘭、愛爾蘭、波蘭等農村，村內的工作人員都穿著十八世紀移民時期的服裝，各自在村子裡織布、結繩、烘培、耕作、擠牛奶、打鐵……，我們彷彿進入時光隧道，回到十八世紀的古代；我真喜歡這裡，明亮的陽光和穿著古代服裝的人，讓我拍的每一張照片都像極了印象派的畫作。

• 在移民村的懷舊氛圍裡，讓我很想畫畫

• 十九世紀的美女和二十一世紀的畫家

敞開大門迎朝陽 23x31cm 2014

老農舍與新花　18x38cm　2014

初夏的後院 30x45cm 2014

陽光照耀回家的路 23x31cm 2014

農舍的後院 30x45cm 2013

結繩的農家女　21x45cm　2014

大空間架構 21x45cm 2014

陽光與燈光 21x45cm 2014

①

②

③

④

⑤

• 瀕臨密西根湖的大都會—芝加哥

再闖芝加哥

七月十三日，我們決定自行前往芝加哥，進行美國第三大城的市區巡禮。芝加哥屬伊利諾州，瀕臨密西根湖，行政區內人口就有 290 萬，加上衛星地區組成的大芝加哥地區，人口已經超過 900 萬，是美國僅次於紐約和洛杉磯的第三大都會區，也是美國內陸最重要的鐵路、航空樞紐。自 1837 年建市以來，經過一百多年的發展，逐漸成為具有世界影響力的大都市之一。芝加哥常見的別名包括：「第二城」，「風城」，「芝城」等。芝加哥位於伊利諾州的東北角，瀕臨密西根湖的西南端。芝加哥位於密西西比河水系和五大湖水系的分界線上，境內有兩條河流，芝加哥河流經市中心，卡拉麥特河（Calumet River）則穿過城市南部的工業區。

• 午後隱藏在大樓陰影中，
逆光的水塔古建築

• 水塔是芝加哥從大火中重建的標誌。現在它依然陳列著當年的自來水供應設備

1871 年芝加哥大火之後，芝加哥快速地重建，蓋了世界上第一棟採用鋼架的摩天大樓，之後芝加哥不斷創新的城市建築，獲得許多讚譽。1893 年，芝加哥主辦了哥倫布紀念世界博覽會，獲得極大的成功，吸引了 2750 萬遊客前來參觀。

走在芝加哥最繁華的密西根大道（Michigan Ave.）一英里購物大街上，滿是名牌店和餐廳，但是每隔一段路，就看到有乞丐蹲坐路旁，旁邊放一張紙牌，書寫著「幫助我！我

有四個年紀還小的孩子」，看了令人難過，在這個世界最強大的國家，擁有最多的財富，最強的軍隊，但是依然有一堆窮人過不了日子，這個國家是怎麼了？貧富差距永遠無解嗎？ 我們一直走到芝加哥水塔（Chicago Water Tower），參觀這一座歷史建築和地標建築，它建於 1869 年，用黃色石灰石建造，是美國第二古老的水塔，1871 年的芝加哥大火中，是唯一倖存的公共建築。我想水塔都會被火燒了還得了，陰陽五行中原木水就是剋火的，加上水塔全部都是石材，大火有甚麼好怕的；火災後，水塔就成為芝加哥從大火中重建的標誌，現在它依然陳列著當年的自來水供應設備，一樓的部分同時也是芝加哥市的遊客中心，上個廁所、索取旅遊資訊都好。

大豆子

在千禧公園的 Cloud Gate 是由不鏽鋼鑄造而成的公共藝術，遠遠看來很像豆子，因此被暱稱為 The Bean。這是英國的雕刻家 Anish Kapoor 的創意，大豆子在千禧公園開闊的大廣場上，是我這趟美國之行最喜歡的公共藝術，作者 Anish Kapoor 的構想是在芝加哥建造一個可以反射浮雲及高聳建築物的藝術品，如同一扇門，人們還可以走進去看到自己的倒影。站在雲門前面，

• 千禧公園的大噴泉，結合影像藝術，牆面不斷地更換人臉的影像，夏天是兒童們最喜歡的公園

• 在這裡大家都在尋找自己，想知道在這個被扭曲的世界裡，我在哪裡。

芝加哥美麗的天際線一覽無遺，在公園裡遠遠的望見它，每個人都會不由自己地走近它，看著那反射視界所及的天地，和天地間的人，在這裡大家都在尋找自己，想知道在這個被扭曲的世界裡，我在哪裡，接著每一個人都舉起雙手接觸著自己的雙手，一個被反射出來的虛擬世界和真實世界中的自己搭起一個門，我想這才是 Anish Kapoor 創作的原意吧？

• 大豆子在千禧公園開闊的大廣場上，是我這趟美國之行最喜歡的公共藝術。

芝加哥藝術學院
（School of The Art Institute of Chicago）

• 芝加哥藝術學院美術館門前的銅綠色大獅子

　　芝加哥藝術學院是一所頂尖的美國藝術學院，由博物館和學校兩部分組成，學校建於 1866 年，本身並沒有所謂的校園，但因為在密西根湖畔，和兩大公園相鄰，環境相當優雅舒適。

　　門前有一對銅綠色雄獅昂首站立的藝術學院博物館（Art Institute of Chicago），是我嚮往已久的殿堂，走進大門我們開始了一個美術史的旅程。

　　芝加哥博物館館藏豐富，其中又以印象派、後印象派作品最多，也最有名，包括莫內、雷諾瓦、馬提斯、高更、梵谷、秀拉等，2009 年現代館完工後，就成為美國僅次於紐約大都會博物館的第二大博物館。我們每人花了 27 美元購買特展門票，是十九世紀時尚服裝展，展場內布置許多印象派名畫，畫中的仕女服裝就以實體展示在畫作前，再加上館內所陳列的其他名畫，相當划算。進入博物館內大廳，一樓與二樓的階梯就在館內入口的正中央，自然光透射到館內，直接上到二樓就會看到許多印象派經典的作品。

　　很開心看到秀拉（Seurat）的原作＜大傑特島的星期日下午＞（Sunday Afternoon on the Island of La Grande Jatte），據說這一幅就是鎮館之寶，幾乎佔滿了一整面牆，秀拉是新印象派的重要人物，整幅畫利用

• 我進入美術館與泰納大師相會

無數的微小色點,細膩地描繪午後光影的變化、和煦的陽光,呈現午後寧靜安詳、微風輕拂感覺。

• 葛蘭特伍德的<美國哥德式>反映美國先民的茫然情緒

另一幅梵谷的自畫像,也讓我驚艷,梵谷一生中為自己畫下不少的自畫像,他把自己當素材來作畫,悲傷的眼神與表情,傳達他內心情緒的變化,孤獨、痛苦、深沉等糾結的感情,全都記錄在他的畫作裡。

<在亞爾的臥室>(Vincent`s Bedroom in Arles)是梵谷在描繪他自己在法國南方亞爾的臥室,這是其中一張,另外兩幅在荷蘭的梵谷博物館和奧塞美術館。這張作品中的房間充滿了樸實安穩的氣氛,與在現實中梵谷的心中有著深沉的憂慮形成強烈的反比,也隱約地流露出他內心嚮往的平靜。

館內也收藏許多美國早期和現代知名畫家的作品,例如<美國哥德式>(American Gothic)是葛蘭特伍德(Grant Wood)的作品,這一幅畫對於美國而言,是相當具代表性的重要作品,也是此博物館的主題畫作之一,畫中男主人手持三叉草耙,代表早期美國人民對於生活認真的態度,也表現出男主人保護家園的決心,女主人眼神有意無意地望著遠方,好像有些憂慮地想著什麼,畫風寫實且有許多涵義,畫中人物的表情極為細膩,整幅畫代表著美國的傳統。

• 校長以盛大的牛排大餐，為我們餞行

• 清晨醒來在校長陪伴下速寫庭園的作品

• 午後回到校長家後做的功課，寫生作品

• 「洗澡的小孩」在卡沙特的筆下展現溫暖的親情

　　打擾校長的這幾天，我大多利用黃昏和清晨作畫，揮別校長前，我將完成的畫作全數贈送給校長做紀念，聊表謝意。七月十四日我們在校長「歡迎再來」的期待下，繼續往東流浪，實在還想再多了解芝加哥，當下決定多停一天，進住郊區的青年旅社，幸運的是路旁的停車格是免費的，我們就搭地鐵進入市區，逛街、參觀美術館和登天空塔。

我嚇壞了

在威利斯塔（Willis Tower）我嚇壞了；事情是這樣的，懷著在西雅圖登上太空塔頂觀景的美好記憶，我很期待登上芝加哥第一高樓威利斯塔，原名席爾斯塔（Sears Tower）的威利斯塔觀景台可以360度的觀看芝加哥，視線全無遮蔽，我們選擇傍晚時分登塔，這樣就可以觀賞到芝加哥的白天美景和夜景，Willis Tower 有一個特別的設計，就是把三個大窗戶改成往外推出一公尺的透明強化玻璃，走在玻璃上就宛如懸空一般，這設計原本讓我很佩服，於是我就排隊，準備拍一張懸浮在芝加哥空中的照片，每一個窗戶可以有兩組人分別在左右兩邊同時拍照，當輪到我愉悅地進入透明窗戶的時候，忽然出現不守規則的兩位大漢，

• Tina 在 Willis Tower 的高空玻璃上怡然自得

大辣辣地走進來中間位置，我忽然全身神經緊繃，有一種玻璃即將崩裂的不祥預感，腦海中竟浮現我在芝加哥的空中高速墜落的景象，原本安逸地坐在玻璃地板上的我，全身發軟無法動彈，幫我拍照的 Tina 發覺我的僵硬表情，拉了我一把，我幾乎是爬著離開高空玻璃地面的，真是感謝 Tina 的救命之恩，玻璃沒破，我的美好的夢幻卻破了。

• 古典的電話亭

回 Motel 的路上，忽然見到一座紅色古典樣式的電話亭，

「有電話亭，趕快進去換衣服」

「糟糕！我忘了穿紅色內褲」

「不穿也可以，用披風圍著就行」

「那我就飛不起來了！」

「哦！那還是不要當超人好了！」

「是呀！還是算了！好事讓別人去做吧！」

拜訪喬丹

七月十五日，為了一睹籃球之神喬丹的丰采，Iggy 再度請出 Google 大神帶路，我們離開市區往西郊出發，尋找 NBA 公牛隊的聯合中心主場球場，行車間我們不時的觀望窗外的景色變換，從摩天大樓的街景，慢慢地樓房都降低了高度，不知不覺我們進入黑人區，路上的人群漸少，也顯然地體型漸大，這個孕育出美國第一個黑人總統的區域，沒想像中的髒亂或混亂，在手機的導航下，我們拜訪了籃球之神麥可喬丹（Michael Jeffery Jordan），當然不會是喬丹本人，而是他被塑造在球場前的飛人姿態銅像，銅像的基座上詳列著他的豐功偉績，

哇！真是太偉大了，這樣豐碩的紀錄應該前無古人，後也難有來者吧！我們不免也裝模作樣地來個飛身扣籃的姿勢拍照，只是我們都在地面上。

黃昏時，我們在芝加哥的唐人街吃了一頓到美國以來最棒的一頓晚餐，口味真的好吃，不只是價格合理，真的值得推薦。至於是哪家餐廳，我就先保留一下，避免有置入性行銷之嫌（其實是忘了做紀錄啦！）。

• 喬登在公牛隊的主場前起飛，喂！台灣小子你也飛得太低囉！

高速公路上尋找

柯博文

高速公路上尋找柯博文

在美國的高速公路奔馳，一定會注意到美國的大拖車跟台灣的很不一樣，基本上，台灣大概是路程短，所以喜歡使用日系的平面短車頭，而美國這樣幅員廣袤的地方，行車時間長，大拖車一定要耐動又耐操，車頭往往除了有一個突出的引擎室之外，駕駛艙的後方會加裝一套睡眠的房間，所以車頭就顯得特別碩大，有一回我們在高速公路夜間趕路，急著上洗手間，就下了一處交流道旁的休息站，哇！一望無際的停車場上，少說停了二、三十部聯結車，引擎轟隆轟隆地響著，原來這裡是專為提供大拖車休息的地方，原以為餐廳裡會滿是光頭的彪形大漢，但卻沒幾個人，原來這時候已經是他們的休息時間，司機們都上車睡覺了。

一路上我都很認真地尋找柯博文，那隻電影《變形金剛》中博派的首領，這部由「變形金剛」玩具產品改編的電影，柯博文在片中的原型是一輛彼得比爾特 379 型的車款，一路上，我看到好幾部同型車，期待著他會突然地變裝成為一隻機器人柯博文，但是就是沒看到任何一部寶藍色的車體上塗畫有紅色火焰的彼得比爾特 379。

• 誰是柯博文？

• 密西根湖畔日光浴的辣妹，拍了這一張就被 Tina 警告，觸犯隱私。

豬都和鋼城

從伊利諾州（Illinois）跨入印地安納州（Indiana），已經是我們的第 12 州了，天色已晚，我們選擇北邊密西根湖岸的密西根市（Mchigan City）住一個晚上，隔天小朋友突發奇想，想在五大湖之一的密西根湖游泳，所以我們來到湖岸，艷陽高照、暑氣逼人，是下水的好日子，避開收費的湖濱公園浴場，在一處住宅區的巷道停好車，穿上拖鞋辛苦地跋涉過一片沙灘和草地，湛藍色的湖水就展現在我們眼前，水面閃耀著波光，有人在沙灘上日光浴，有人在湖水裡徜徉，有人迎風揚帆，小孩堆沙追逐，這分明是海灘嘛，怎麼會是湖畔呢？

我問下水的 Iggy：「水是鹹的吧？」

「這麼熱的天氣下水，水就是甜的」

• 在密西根湖游泳的台灣小子

• 噴泉廣場的大噴泉很美，細緻的銅雕人物姿態優雅，值得一遊。

　　我們都聽過辛辛那提紅人隊，但不知道辛辛那提在哪裡，翻開地圖就在我們往東的路線下方，所以決定去一探究竟，辛辛那提（Cincinnati）位於俄亥俄州與肯塔基州邊界的俄亥俄河北岸，也靠近印第安納州。市區居民約 30 萬人，如果加上鄰近地區，人口數就達兩百一十萬人，是全美排名第 27，也是俄亥俄州最大的都會區。19 世紀末期，辛辛那提因其宏偉壯觀的建築群，被看作是美國的巴黎，這些著名古建築包括音樂廳、辛辛那提酒店，希利托百貨等等。我們進入市區，大概是假日，順利地找到一處免費停車格，接著就在市區逛逛，

「你會期待看到什麼？」Tina 問 Iggy

Iggy 回答：「我想看豬，我很期待這裡應該會有一些關於豬造型的公共藝術，來符合這個 1835 年來聞名全美的『豬都』。」

　　經過市中心區最著名的廣場噴泉，沒有豬！有些失望，我腦海裡不時出現著芝加哥千禧公園裡，那兩排排列整齊穿著各種顏色服裝的公共藝術豬，他們似乎更適合這裡。

　　噴泉廣場的大噴泉很美，細緻的銅雕人物姿態

• 從肯塔基州的卡溫頓小鎮看著蒸汽老輪船逆著俄亥俄河而上。

• 大雁自由自在地在俄亥俄河邊度過夏天。

優雅，彷彿訴說著不同的人生際遇，最外圍的底層是四個小孩分別抓著四種動物－鴨、龜、蛇、魚，從嘴裡噴出水來，就算沒有豬，這個很傳統的公共藝術也毫不遜色了。

因為辛辛那提位於俄亥俄河畔，有多座通向肯塔基州

的橋，我們為了累積跨州紀錄，小小地做了一點手腳，跨過建於 1867 年宏偉的 John A. Roebling Bridge，輕輕鬆鬆地增加了一個州－肯塔基州（Kentucky），雖然僅是一橋之隔，我們也是確確實實地光臨了肯塔基州的卡溫頓（Covington）小鎮，短短的幾個小時的停留，我們逛了街，在一家老書店喝了咖啡，我還翻閱了一本封面是荷馬水彩畫的書，也繞過一座公園，拍了許多照片，看著蒸汽老輪船逆著俄亥俄河而上，並且和河岸的一群斑頭雁合照，雖然它們噁心的大便像極了綠色粉筆，但走起路來搖搖擺擺地伸長脖子，還是蠻可愛的。

「好多雁喔！美國人不打獵嗎？」

「應該是在一個季節或特定地區有開放打獵吧」

「他們樣子蠻像鵝的，烤起來肉質應該會蠻好吃的！」

「切！你們這些真的是台灣人，看到甚麼都想到吃！」

目前辛辛那提有兩支職業球隊，辛辛那提紅人隊和辛辛那提孟加拉虎隊，並且還是重大的網球巡迴賽「辛辛那提大師賽」的舉辦地。

密西根湖畔 21X29CM 2013

都會中的農民市集　25x38cm　2013

日正當中的老橋 21X29CM 2014

匹茲堡（Pittsburgh）

揮別辛辛那提，我們沿著 70 公路往東北方向繼續行程，越過惠靈（Wheeling），接著我們就跨入第十六個州－賓夕法尼亞州（Pennsylvania），到達了匹茲堡。

匹茲堡有許多不同的名稱，由於以前盛產鋼鐵，所以又稱為鋼鐵城（Steel City）。它因為環繞著三條河流（Allegheny、Monongahela 和 Ohio River），所以市區總共建造了 446 座大小橋樑，所以又稱做橋城（City of Bridge），是賓州的第二大城，在背包客棧中被列為是全美國屬一屬二治安良好的大城市，為美國最適宜居住的都市之一。自 1980 年代後，隨中國鋼鐵產量上升，匹茲堡的鋼鐵業務已經淡出，現已轉型為以醫療、金融及高科技工業為主的都市，為全美第六大銀行 -- 匹茲堡國家銀行所在地。

「在匹茲堡你想看什麼？」我問 Iggy

「夜景！這裡有號稱全世界排名第十名的夜景，就在俄亥俄河的南岸山坡上」

「從地圖上看有纜車可以上山」喜歡看地圖的 Tina 説

「那我們吃完晚餐就上山看夜景囉！」Zoe 高興地説

在 Google 大神的引導下，我們先到市區北郊的一家 Yelp 推薦的越南餐廳晚餐，生意很好，果然好吃；服務生是個年老右手斷臂的男人，很俐落地用身體和手臂夾著餐具來回地服務，我猜想可能是個越戰的傷兵，心疼戰爭在他身上留下永遠的遺憾，多給了點小費，我們付了比預算還多很多的餐費，心情卻很愉快。

在國外，你可以輕易地分辨聽到的國語，是來自哪裡的華人，鄰桌的兩位小姐很明顯地就是台灣人，親切的台灣腔讓我們開始攀談起來，原來她們是定居在這裡的台僑，他們很驚訝會有台灣人來不是觀光城市的匹茲堡觀光，同時大力推薦俄亥俄河岸的夜景和玻璃廣場，並且指引了一條可以開車上山看夜景的路。

順著公路上到山腰，因為天色已暗，市區的摩天大樓毫不吝嗇地亮起燈光，顯得俄亥俄河畔的夜景格外明亮，我們居高臨下觀賞河岸邊的夜景，真的很美，打光的噴泉公園，大噴泉在黑夜中劃出一道有亮光的弧線，這樣的夜景讓我想起大屯山的夜景，

我問 Tina：「妳覺得這裡的夜景和上大屯山看台北的夜景相比，哪裡美？」

Tina 毫不遲疑地回答：「大屯山的美」

「那大屯山的夜景可以排到第幾名？」

• 從河岸的山丘上觀賞匹茲堡的夜景，開闊的視野和河水的倒影讓它成為全世界最美的十大夜景之一。

「第一名，月當然是故鄉的明呀！」

Zoe 插話進來：「這樣的夜景，你會想畫下來嗎？」

「不會，用拍照的就好，夜景的美，用攝影來紀錄是最完整的。」

Zoe 繼續問：「如果用繪畫的方式來挑戰攝影，你不想嘗試嗎？」

我：「我認為能最忠實呈現夜景的美，攝影是最快也最方便了，具象寫實的繪畫方式，要花很多細功夫和時間，結果將會很接近照片的效果，我覺得沒有意義。」

「所以你認為，要畫一幅像照片的畫，還不如拍照片就好了？」

「當然囉！拍照也是一種藝術呈現的方式。」

• 法院大樓的中庭是個優雅的小花園。

看完美麗的夜景，在美美的心境中入眠，然後在七月十八日匹茲堡的清晨醒來，照理說心情會很好，但是在沒提供早餐、摩鐵擁擠的停車場裡，很辛苦地才把車開出來，心情就 down 下來了，在匹茲堡街上繞了好久才找到停車位，尋找早餐時，四個人意見分歧，所以就分成兩組各自覓食，早餐過後，我們走過市場廣場，來到被推薦的美國平板玻璃公司（PPG）總部大樓廣場，事實上它是一個由現代化的辦公大樓所圍繞的一個區域，幾棟大樓的外牆全部是用鏡面玻璃建成，高聳的屋頂上是一座連著一座哥德樣式的玻璃尖塔，沒有花俏的裝飾，都是直線，反覆的樣式缺乏變化，顯得刻板，有點失望。

曾經幻想著鋼鐵之都的匹茲堡街景，會有許多鋼鐵建築散發粗曠的陽剛

• 匹茲堡的法院大樓，造型就是一座城堡。

之美，而實際上匹茲堡和許多美東的大城市沒有兩樣，現代化的摩天大樓林立，也夾雜著新藝術形式的大樓和二十世紀初期的建築，比較特別的是在 Ross St. 和 Forbes Ave. 交叉口上的全石材古堡建築，遠遠地就吸引了我們來一探究竟，原來這是一棟建於 1901 年的法院大樓，以一座嘆息橋（Bridge of Sighs）連結著監獄，全石材的結構和質感，頗

• 匹茲堡市區大樓

為氣派，我們先在外圍巡禮一周，再進到法院中庭，中庭花園的中央是一座小巧的噴泉，四周的看板陳述著這棟建築的歷史，濃濃的懷古氣息，讓我和 Tina 停留好久，真的值得一看，至少在匹茲堡除了吃了漢堡，我們還真的看到一個「**堡**」。

• 匹茲堡的玻璃廣場，中央的噴水池是許多市民夏天消暑的聖地。

• 主祭壇是釀製啤酒的機器，用透明大玻璃區隔，提供參觀。

主祭壇上的釀酒器

一路上 Iggy 都靠著 Yelp 尋找吃的資訊，在匹茲堡的午餐也不例外，他說有一家特別的釀酒餐廳就在一座老教堂裡，值得一試，真的嗎？什麼時候教堂也跨業從事釀酒業了，為了一探究竟，來到市區東北郊，停好車進入一座文藝復興樣式的紅磚教堂，名為匹茲堡教堂釀酒坊（The Church Brew Works），真的是一家用教堂經營的餐廳，推門進入餐廳，和教堂一樣有彩繪玻璃窗，列柱和主祭壇，不一樣的是信徒的座椅都改成餐桌椅，而主祭壇上應該

• 已經改為餐廳的教堂，是文藝復興樣式的建築。

有的十字架和神像都不見了，神壇上釀製啤酒的機器，正工作著，工人上上下下地調控機具，啤酒就一滴一滴地透過玻璃管流進酒槽，好奇妙的感覺。東西的口味並不特別，就是享受一種特殊的氣氛。聽說販售四

種啤酒，包括英式特製苦啤酒、鼓風爐制烈性啤酒、德國北部風味的比爾森啤酒和巴伐利亞黑啤。或許在試喝了每一種啤酒之後，你會感覺受到了一種神聖力量的鼓舞。

午餐後繼續東行，越過阿帕拉契山脈的公路，迂迴但不崎嶇，山區也多森林，路上的車輛越來越多，我拍了一些山區景色的照片，準備回來再畫。

Zoe 問我：「在台灣，水彩畫被認為比較難保存，是真的嗎？」

我說：「這是一個錯誤的概念，我們要確認保存的意義是指時間多久？要超過一百年，三百年，五百年或一千年？」

Zoe：「以達文西十六世紀的作品標準，四百年算久嗎？」

「其實我們台北故宮有很多一千年以上的作品呢！我認為所有的繪畫都不容易保存，因為氧化原本就是自然現象，被用心珍惜和保存的作品能流傳下來就更顯得珍貴不是嗎？」

「那水彩畫的保存要如何用心？」

「這應該是三個條件的配合，材料，創作，收藏環境都要好。」

「我有興趣知道，先說材料吧！」

「最主要就是紙張和顏料囉！水彩的專業用紙是全棉的，它和印刷用的草漿紙或木漿紙都不一樣，因為棉的纖維長，結合緊密，耐氧化度高，現存最古老的中國畫有兩千年了，就是畫在棉布上的；至於顏料就是講究細膩、濃度和附著力，也就是阿拉伯膠的成分囉！這些都是畫家的責任，越是重視自己作品的畫家，就是要選擇最專業的材料。」

「那創作呢？」

「除了創作的技巧好，過程中也要注意使用純淨的水，像妳老爸就都用煮開過的水來畫。」

「為甚麼？」

「不會有殘留的化學藥劑和生菌，這樣畫面才不易變色，不易長霉斑呀！」

「那收藏呢？」

「裱框時避免強酸性的材料，隔絕濕氣和蟲害，尤其是避免強光照射，這些都是要注意的。」

Iggy 插進來問：「如果這些條件都注意到了，可是畫家畫得不好，這樣有用嗎？」

「所以最重要的是畫家本身的素養和各項條件都能配合，相輔相成才是最完美的演出。」

「老爸，加油囉！」

匹兹堡街景　18x38cm 2014

匹茲堡嘆息橋　18x38cm 2014

「大蘋果」！我們來了！

七月十九日，進入第 17 州－紐約州，經過 Woodbury 的 Outlet，也沒準備買什麼東西，就是開開眼界，可是也耗掉大半天來瞎逛；我在這裡見證了中國雄厚的經濟實力，購買力強大的中國人，總是拉著大型旅行箱，精神奕奕的穿梭在每家名牌店，聽到的都是內地腔的普通話「你買啥？」、「真便宜！」，好生羨慕。

離開 Outlet，我們循 17 轉 202 號公路南下，進入我們跨越的第 18 個州－紐澤西州。Iggy 將他的手機音樂連結到車子的音響，車內頓時響起了由男歌手 Jay-Z 和女歌手 Alicia Keys 合唱的 Empire State Of Mind 的歌聲，我們不會唱就跟著哼，到了副歌的高亢旋律時，歌詞不斷重覆著「New York~New York~New York……」，我們就興奮地跟著大聲唱，一次又一次反覆地唱著，在歌聲中，我們就已經跨過紐澤西，上了華盛頓大橋，到達紐約了，在華盛頓大橋上我們遠遠地看到帝國大廈的尖塔，這讓我們想起 2006 年來美東旅遊時，住在賓州的度假村，每次進紐約走的就是這座橋。我們興奮地大叫「紐約！我們來了！」

我問已經來過紐約很多次，目前算是暫居紐約的 Iggy：

「為甚麼紐約又被叫大蘋果（Big Apple）？」

「好像有一個說法是 20 世紀時一個名叫「大蘋果」的紐約樂團名揚國際，很多來紐約的觀光客都指名觀看大蘋果的表演，因此得名」

Tina 接著說：「還有一說是紐約對外來移民來說是個新天地，機會處處，因此是『好看、又好吃，人人都想咬一口的大蘋果』。」

• 跨過華盛頓大橋，我們從紐澤西進入紐約曼哈頓

「大蘋果」

我們來了！

曾經是地理老師的 Tina 隨即查起資料，給我們上起「認識紐約」的課：紐約（NEW YORK CITY）是美國人口最多的城市，世界最大的城市之一，超過一個世紀，紐約都在商業和金融業上居全球領導地位。其中聯合國總部也在這裡，因此紐約也被公認為世界之都。

紐約是美國最大城市及第一大港，根據統計資料，大紐約市是世界第四大都會區，次於東京、首爾、墨西哥城。市區分為曼哈頓區、皇后區、布魯克林區、布朗克斯區、史泰登島共五個行政區。是全美國人口最密集的重要城市，估計約有 8,336,697 人居住在 790 平方公里的土地上。

很多人不知道紐約由荷蘭人於 1624 年建立，作為商業的交易站，原來被稱為新阿姆斯特丹。改名 New York 就是為了紀念當時曾任 York 公爵的英國國王詹姆斯二世，紐約也曾經是美國首都，1790 年後才移往費城，但始終都是美國最大的都市。

沿著哈德遜河旁的快速道路，我們很快地繞過曼哈頓的上城，經過曼哈頓大橋轉入皇后區。在東河上，右手邊看到的就是許多電影拍攝的景點，好像《穿越時空愛上你》，描寫的就是這座美麗典雅的布魯克林大橋，

Iggy 邊開車邊說道：「布魯克林大橋 Brooklyn Bridge，原是美國最老的吊橋之一。」

「這個樣子看起來應該很老了。」

「好像是在 1869 年蓋的，一百五十多年了。」

Tina 看著手機邊說：「沒錯，橫跨東河，連接曼哈頓與布魯克林。完工當時是世界上最長的吊橋以及第一座使用由鋼鐵製成的懸索的橋樑。1964 年成為美國國家歷史地標，它原本是由一位德國出生的美國土木工程師約翰·奧古斯塔斯·羅布林所設計的，不幸的是，在 1869 年 7 月 6 日，當羅布林前往布魯克林塔的地點勘察時，一艘渡輪撞上了碼頭，使羅布林受了傷，患上了破傷風，就在同年 7 月 22 日逝世，大橋就由他的兒子華盛頓·羅布林接手負責。由於老羅布林的逝世，投資者質疑沒有經驗的小羅布林沒有能力勝任造橋的工作，紛紛退出，但他們最終還是被小羅布林說服，完成大橋」

Zoe：「哇！好像電影情節，好棒！我們又上了一課。」

進入皇后區，樓房明顯地減少，許多條地鐵都冒出地面開到高架鐵軌上，轟轟地吵人。來到 Iggy 的住處，順利地將行李卸下，安頓好行李，晚餐時間到了，就在附近再度吃 Iggy 推薦的越南菜館，是有比在來時一路上吃到的好吃一些。

在紐約的四天，我們要參觀的景點大多集中在鬧區，開車反而不方便，原本就沒有算在租車的日期內，而當初選擇還車的地點就設定在附近的機場，於是我們在赫茲租車公司的停車場跟陪著我們 28 天的林肯休旅車說拜拜，仔細看了儀表板的里程數，計算一下，我們一共跑了 5854 英里，換算後是 9366 公里，從西雅圖經過舊金山到紐約，用 28 天完成了橫跨美國東西岸的壯舉，

「我們的人三天就會把車開回西雅圖」租車公司櫃檯的黑妞說道，

「哇！」我和 Iggy 相視搖頭，不可思議的事。

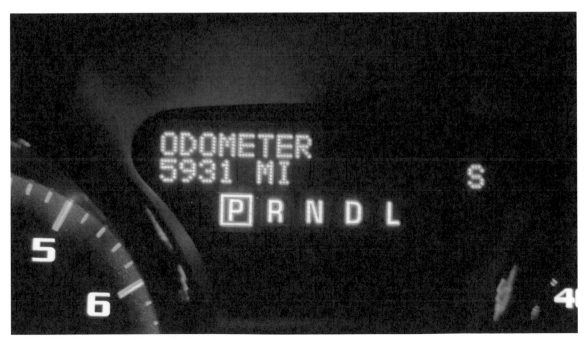

• 在租車公司選車時，里程表從 77 英里增加到 5931 英里。

參觀帝國大廈

幾乎是紐約旅行不可缺的活動，印證了一句人家常說的話：「不去會後悔，去了更後悔」，比起西雅圖設備新穎的太空塔和芝加哥的西維斯塔，這裡的設備陽春地可憐，景觀的說明標示都沒有，圍著高高的欄杆也蠻礙眼的，除了幾個特徵明顯的建築可以分辨外，林立的摩天大樓真不知誰是誰，真有點失望

我問：「你們記得有哪些和帝國大廈有關的電影嗎？」

「《金剛》！」這是男生的答案，「是不是《西雅圖夜未眠》？」這是女生的答案

「好像很感人的《金玉盟》也是」這是孩子的媽回答，

「是呀！令人印象深刻的電影，就可以吸引很多人潮來這裡。」

Tina：「《西雅圖夜未眠》的故事最後就是在這裡讓男女主角相聚的。」

我接著說：「《金玉盟》的故事，就是在這裡讓男女主角分開，那是老牌帥哥卡萊葛倫演的」

「你們好老喔」

「我看的是華倫比提和她太太主演的新片！」

「那也夠古老了吧！」

你不能不知道關於「帝國大廈」的事，曾一度是世界最高的帝國大廈，位於美國紐約曼哈頓 第五大道 350 號，正式的名稱是取自於紐約州的暱稱「帝國州」，所以實際上大樓名稱原是紐約州大廈或帝國州大廈，但由於帝國大廈的通稱已廣泛流傳，沿用至今。地上 102 層，樓高 381 公尺，加上 1951 年增添的天線高 62 公尺，總高 443 公尺， 1930 年動工，1931 年落成，建造過程僅用了 410 天，就是一年又 2 個月內，真是太厲害了，是世界上罕見的建造速度紀錄。它被美國土木工程師學會 ASCE 評價為現代世界七大工程奇蹟之一，為美國國家歷史地標。大廈總共擁有 6500 個窗戶、73 部電梯，從底層步行至頂層有 1860 級台階。在電影裡經常看到紐約的摩天大樓，其中就以帝國大廈和克萊斯勒大廈最常入鏡，1930 年建成克萊斯勒大廈，雖然不是最高大樓，但它的不鏽鋼材質尖塔採用重疊圓弧的的設計，被許多歷史學家和建築師公認是紐約最好看的大樓。

1945 年 7 月 28 日上午 9：45，由一位中校駕駛的 B-25 米切爾型轟炸機由於當天的濃霧在空中迷失，撞向了帝國大廈北側的 79 層和 80 層，引發的大火在 40 分鐘後被撲滅，燒毀了一個樓層。14 人遇難。在兩天後的星期一，大廈的其他樓層繼續正常運作。展現美國這個世界大國的氣魄。

• 帝國大廈的眺望台設備非常陽春，讓我有點失望

• 從帝國大廈眺望東河，可以看到克萊斯勒大廈美麗的金屬圓弧線的屋頂，這也是紐約電影經常出現的鏡頭。

　　我相信因為有過這樣的經驗，使得紐約消防隊在五十多年後的 2001 年 911 事件中錯估形勢，大舉進入世貿中心救火，雖是一樣是被飛機撞擊，但是燃油量和油品的精純度造成的高溫，就讓雙子大樓倒塌，損失慘重，我想這大概是美國在 1941 年日本偷襲珍珠港之後，遭受到最大的外敵攻擊，損失比珍珠港還大，尤其是世界最大強國的尊嚴，被一個少數人組成的恐怖團體摧毀。但是事件之後也促使美國人更加團結愛國，也成了許多電影的好題材；所以我們好奇地來到 911 事件被恐怖分子摧毀的雙子星大樓的舊址，觀看正在浴火重生的新國際貿易中心一號樓，這座新大樓將擁有 541 公尺的高度，即將在 2014 年落成，又名「自由塔」，將會是全美國第一高樓，此時的高度已超過帝國大廈，抬頭仰望見不到頂，我想幾年後在紐約瞭望城區的最高點就會在這個樓頂上開始營業。

「改名叫自由塔之後就不會倒塌啦！」

「為甚麼？」

「因為會有人去扶塔呀？」

「誰？」

「約翰。」

「啊！為甚麼？」

「因為是約翰屈伏塔呀！」

「切！又是網路的冷笑話。」

• 新的世貿中心 - 自由塔正在施工，努力地往上長高，他目前的高度已經超越帝國大廈。

作為一個東方觀光客來到紐約，法拉盛Flushing的新唐人街不應該錯過，法拉盛Flushing是美國紐約皇后區內的一個特殊區域；在1898年紐約市區合併前，法拉盛是屬於皇后區的一個小鎮。在紐約地鐵7號線通車至法拉盛之後，它已成為擁有龐大華人及朝鮮族人的商業及住宅區。自911事件後，住在曼哈頓的華人更是紛紛遷到法拉盛，所以其規模已超越曼哈頓的唐人街了。特別是來自台灣、南韓、中國大陸等地的移民聚居，發展出具有濃厚東亞風味的商圈。這裡街上的中文和韓文招牌比英文招牌多，建築的樓層雖然不高但也很現代化，這裡沒有刻意展現的中國式屋頂建築或牌樓，給人的感覺比較現代化，在街上有一個招牌引起我的注意，「退出中共中心」，在美國有這樣的一個辦公室在協助中國人脫離共產黨，有趣！

• 地鐵在法拉盛已經穿出地面成為高架。

• 在法拉盛的街上，這家服務業的招牌很有趣。

Zoe 說：「這裡很像台北萬華。」

Tina 說：「我覺得比較像香港。」

Iggy 說：「我覺得這裡哪裡都不像，就像法拉盛。」

法拉盛因為物價相較低廉，所以擁有一個興旺的商業區和規模龐大的住宅區，包括許多華裔和韓裔人口。2008年後，據市場調查報告顯示，法拉盛是全美第一大唐人街，超過紐約曼哈頓唐人街。據說法拉盛55%的居民是亞裔。也有許多西班牙裔、非裔、印度裔，還有長久居住的白人。

• 2006 年，我們以手繪的國旗在洋基球場為王建民加油，這一場是他完成當年的第 13 勝。

憶舊－在紐約畫國旗的故事

「紐約洋基換新球場了，你知道嗎？要不要再看一場球？」紐約新住民 Iggy 問

「看球賽要有勝負的得失心才有趣，沒有王建民的洋基隊輸贏干我屁事。」

「懷念呀！2006 年王建民第 13 勝的那場球呀！」

「真的耶，我們還畫了一張國旗帶進場，都七年了！好快！」

「有點印象，說來聽聽」當年才國一的 Zoe 問：

「就是嘛，我們當時住在賓州的度假村，和陳銓叔叔一家共八人，特地進紐約來看王建民打球，一到紐約才發現把從台灣帶來的小國旗留在行旅箱裡，怎麼辦？想買也不知道哪裡買得到」

• 王建民就站在國旗的上方投球。

Tina 接著說：「畫家又不是幹假的，自己畫！買文具總比買國旗容易吧？」

「所以我們進球場前，人家美國人在停車場烤肉喝啤酒，我們就在車子的引擎蓋上畫國旗，把兩張四開的紙接起來，畫鉛筆稿和上色，然後捲起來帶進場。」

「結果王建民贏了那一場球，當年 19 勝的第 13 勝。」當年大一的 Iggy 說

「就是因為有一個有心人，用心地畫了一面國旗激勵了他。」我不禁得意了

「少來了，往臉上貼金，還有一件事很值得說，當我們開車排隊進洋基停車場時，陳銓叔叔開車，不讓一個老外從外側車道插隊進來，那個彪焊的老外生氣的叫囂，陳銓叔叔很淡定的不理他，夠勇的。」Tina 補充的說

「所以囉！人家現在才能當校長啊！」

奇妙旅程 - 大都會藝術博物館

　　參觀大都會博物館是我此行最重要的行程，出了地鐵站沿著第五大道步行，中央公園的大樹和行道樹下都被街頭畫家擺設很多攤位，販賣照片或是他們的畫作，大多是素人的畫作或是簡單的小品，我們從南門進入博物館，Tina 排隊買票，她手上拿著十元美金很客氣地問售票櫃檯的一位亞裔男生：

「我們有三個人捐款二十元，可以進場嗎？」

他和悅的回答：「當然可以！」接著給了我們三張小貼紙。

　　把貼紙貼在胸前，我們高興的進入藝術的殿堂，只花台幣六百元，讓我們覺得很不好意思，此時我們聽到有人對著手機說著普通話：「我進來了，

你在大門外的海報架會看到有很多貼紙，你撕一張下來貼到胸口上，就可以進來了！」

哇！還有人是不花錢的。

• 在大都會向羅丹致敬。

• 大都會美術館的大廳氣勢恢弘。

• 大都會的頂樓可以眺望中央公園，和紐約天際線。

• 在大都會向梵谷致敬。

大都會藝術博物館 Metropolitan Museum of Art，就在中央公園旁的第五大道上，於 1872 年開幕，面積有 20 多公頃。館藏超過二百萬件藝術品，整個博物館分為十九個館部，聽說除了主館外，還有位於曼哈頓上城區崔恩堡修道院 Bonnefort Cloister 的第二分館，在那裡主要展出中世紀的藝術品，我們時間不夠當然就無法參觀了。在主館中包括許多重要的古典藝術品、古埃及藝術品、幾乎所有歐洲大師的油畫及大量美國視覺藝術和現代藝術作品，還有大量的非洲、亞洲、大洋洲、拜占庭和伊斯蘭藝術品，也是世界樂器、服裝、飾物、武器、盔甲的大總匯，博物館本身的室內設計也模仿不同歷史時期的風格，從一世紀的羅馬風格延續至現代美國風格都有。時間有限，我只能在十七世紀和十九世紀中穿梭時空，邂逅了許多大師。

• 約翰藍儂的家門口。

• 紐約自然史博物館前老羅斯福銅像。

　　一整天就這樣過去了，出了博物館四人會合後，天色已暗，

「有收穫嗎？」Iggy 問

「很棒！」三人異口同聲地說，Zoe 補上一句「但是爸爸慾求不滿。」

「大豐收！腳很累，但內心很興奮。」我說

「會有興趣再看 MOMA 嗎？」

「2006 年來的時候看過 MOMA，很震撼，那種把書本上的作品，真實的搬到你的面前的感動，不過還是看古典美的作品比較值得細細品味。」

「MOMA 的展覽和大都會的展覽在感受上有不同嗎？」

「現代繪畫在二十世紀對藝術做了很多拓展性的詮釋，我覺得這對人類文明發展的貢獻是很有開創性和啟發性的，但是當我年紀越大時，我比較想要尋回藝術的中心價值，一種可以淨化人心，給人一股安定的力量的藝術，我相信如果藝術要能提升人類的生活品質，那具象的傳統繪畫更有說服力。」

「啊！你老了！」

「不用你提醒！是每個人喜好不同！」

晚餐還是由 Iggy 帶路，我們穿過中央公園，
天色已暗，走過電影《博物館驚魂夜》取景的自
然史博物館已經打烊，燈光依然明亮，
我對 Zoe 說：「你要不要爬上窗戶，看看動物們開
始活動了沒？」
「你想太多了」

• 肯中心夜景。

　　沿著博物館的南側往西邊走到 Culumbus 大道和 W77 街口，找到有名的漢堡店 SHAKE AHACK，我先到地下室找座位，小小的地下室已經擠滿客人，漢堡經過熱烤後，起司溶化散發濃濃的香氣，的確好吃。

　　餐後我們沿著 Centrel Park W 大道一路往南走，經過許多高級住宅大樓，也經過藍儂和小野洋子的家，大樓門口的警衛西裝革履，看著我們幾個亞洲人向裡面張望，就是不理睬，其實我們好奇的是這棟豪宅，並不期待看到那個日本老女人，更不期待看到那個披著頭的英國鬼，經過哥倫布紀念碑，走到林肯中心，我望著林肯中心在心裡說：「期待你能在這裡演出」。

布魯克林東河岸邊，有很好的視野可以觀賞曼哈頓下城的黃昏和夜色。

布魯克林高地的夜景

　　哈德遜灣的落日和曼哈頓的夜景都是許多紐約人的記憶，初來紐約的 Iggy 就和同學來過，讓他印象深刻，所以離開紐約的前一天傍晚，我們就搭著紅線一號地鐵穿過東河的底下來到布魯克林的 Clark st. 站下車，冒出地面走過幾個街口，就來到布魯克林高地的東河岸邊，隔著河就是曼哈頓下城的摩天高樓，還在努力長大的新世貿大樓「自由塔」，外牆的玻璃帷幕還映著橙色的天光，頂層上清楚的看到大吊臂的剪影，電影金剛如果要再拍過，我相信它會雀屏中選的，暮色中夕陽已不知躲在何處；摩天大樓的燈光顯得格外明亮，此時還可以清楚的看到遠方港灣裡，整修中暫停開放的自由女神像，都沒遊客參觀還是高舉著火把不休息，有夠敬業的，在幽暗的海灣裡散發著綠色光芒，有點詭異；東河岸的後方是一排住家大樓，絕佳的景觀好令人羨慕，以美國人喜歡景觀的熱度，想必這裡的房價必定令人咋舌。我不知道這裡的夜景是否有被列入排行榜，比起匹茲堡的夜色毫不遜色，我相信當時看著夜景吃著排隊才買得到的可口的冰淇淋一定是有加分作用。

• 當然品嘗這一家名店的冰淇淋，對夜景絕對有加分作用。

知識與飛翔　　23x31cm 2014

越過阿帕拉契山的公路 18x38cm 2014

聖殿中的義大利風　30x45cm　2013

聖殿中的陽光　　21x45cm 2014

銀器的聚落　　21x45cm　2014

暮色中路過　　30x45cm　2013

屹立在暮色中的女神　21x29cm　2014

打包回家囉

22 日上午，畫了一張小品水彩送給 Iggy 房東，這位 30 多年前就移民到紐約的台僑，很照顧台灣留學生，合理的房租和空間，讓我們全家住在這裡三天都很愉快，全不鏽鋼的花園欄杆和鐵門都很台，難怪房東房客一屋子台灣人，原本這裡離地鐵站就不遠，可以從這裡轉搭機場快捷到甘迺迪機場，我和 Tina 觀察好地圖路線，計算好時間準備去機場，再計算好票價，我們改變了主意，決定要改搭計程車，説起計程車我們的腦海裡就出現紐約街頭黃色的那種大大扁扁的美國大房車的影像，事實上 Iggy 用電話叫來的車是一般的私家車，日本豐田牌；司機是個操廣東腔普通話的港僑，車上就聊起來

「台灣我去過！」，「什麼時候？」，「就去年嘛！」
「有什麼觀感？」，「人家都說很亂，我看還好嘛！」
挖利哩，台灣這個華人世界最平和的地區被你説亂，心裡很不爽，但是我還是客氣地説：「是呀，這幾年政治不安定，是亂！」
「這年頭哪裡不亂，美國也亂！」是有點良知
「總覺得沒有以前安定，經濟好不起來！」我繼續客氣地説
「我覺得台灣很好啊，交通方便、醫療進步、物價便宜、人的素質又高，到了高度開發之後，經濟成長緩慢是正常的，不能常常都是高成長呀！」

中肯，好聽，他準是個好人，25 元的車資，我們大方地加上 5 元小費，我和 Tina 順利地到達甘迺迪機場。

回程的班機上，地理老師的 Tina 翻閱航空公司雜誌上的美國地圖，用筆畫出一條曲線，跨過美國領土的東西兩側，大約就是我們 35 天的旅程的路線，問我「甚麼時候我們把線圈起來，可以頭尾相接？」

「回去我們把錢賺夠，再來！要不然，我們每一期的大樂透都買。」

帶著畫箱去旅行

畫 家 橫 跨 美 國 大 陸 萬 里 行 的 足 跡

全文完

附錄一
西雅圖酋長寫給美國總統的一封信

在華盛頓的總統寫信給我，他表達要買我們土地的意願。

您怎麼能夠買賣穹蒼與土地的溫馨？多奇怪的想法啊！假如我們並不擁有空氣的清新與流水的光耀，您怎能買下它們呢？

對我的人民而言，大地的每一部份都是聖潔的。每一枝燦爛的松針、每一處沙濱、每一片密林中的薄靄、每一隻跳躍及嗡嗡作響的蟲兒，在我人民的記憶與經驗中都是神聖的。樹中流動著的汁液，載負著紅人們的記憶。

當白人的鬼魂在繁星之中遊蕩時，他們早已遺忘他們出生的家園。但我們的靈魂從不曾忘懷這片美麗的大地，因為她是紅人的母親。我們是大地的一部份，而大地也是我們的一部份。芳香撲鼻的花朵是我們的姊妹，鹿兒、馬群和雄鷹都是我們的兄弟。巖峻的山峰、芳馨草原上的露水、小馬暖暖的體溫、以及我們人類，都是一家人。

所以，當偉大的白人領袖自華盛頓傳話來，說他想要買我們的土地時，他對我們的要求實在太多了。偉大的領袖傳話說，他會為我們保留一片土地，讓我們得以舒服地過日子。他將成為我們的父兄，而我們將是他的子民。因此，我們得考慮你們的要求。

　　但，這並不容易呀！因為這塊土地對我們而言是非常神聖。銀波盪漾的河水並不只是水，而是我們先祖們的血液。倘若我們把土地賣給你們，你們必需要記住，這是神聖的土地。而你們也必定要教導你們的子孫，它是聖潔的，每一片清澈 湖水的朦朧倒影裡，都述說一個故事及我們人民生活中的點點回憶。那河水嗚咽的低迴，是我們先祖的聲音。河，是我們的兄弟，滿足了我們的乾渴。河，載負著我們的獨木舟，並養育我們的子孫。如果我們將土地賣給你們，你們必定要教導你們的子孫，它是我們的手足，也是你們的弟兄，因此，你們一定要善待河，一如你們善待你們的兄弟一樣。

　　我們知道，白人不能體會我們的想法。每一片大地對他們而言，看來都是一樣的。因為他 是個異鄉客，夜晚偷偷來襲，並從土地上拿走任何他想要的東西。大地不是他的兄弟，而是他的敵人，當他征服之後，便又離去。他無視於父祖的墳地，他不在乎。他剝奪了子孫的土地，一點都不在乎祖先們的勞苦與後代生存的權力。他對待他的母親－大地，及兄弟，就如同綿羊與耀眼的首飾一樣，可以隨意地買賣與掠奪。他的貪婪將毀滅大地，而最後留下來 的，將只是一片荒蕪。

　　我真的不懂。我們之間的生活方式是如此不同。你們城市的景象刺痛了紅人們的眼睛。但也許因為紅人們

是野蠻人而無法理解吧！在白人的城鎮裡找不到寧靜。沒有一個地方能聽到春天枝葉迎風招展的聲音，或是蟲兒振翅的歡鳴。但也許因為我是個野蠻人而無法理解吧！這些喧鬧聲看來只會污損我們的耳朵。假如不能聽到夜鷹孤寂的叫聲，或是夜晚池畔青蛙的爭鳴。那會是怎麼樣的生活呢？

我是紅人，所以不明白。印地安人喜歡微風拂過池面的輕柔細語，以及被午後陣雨所洗淨、或是被松翼所薰香的風的味道。大氣對紅人而言是珍貴的，因為野獸、森林、人類及萬物都分享著同樣的氣息。白人似乎不在意他們所呼吸的空氣。就好像死了幾天的人，已經對惡臭毫無知覺。

但是，倘若我們將土地賣給你們，您們一定要記住，大氣對我們而言是珍貴的，祂與祂所養育的萬物共享著這份靈氣。風，送來了我們祖先的第一口氣，也帶走了他們最後一聲的嘆息。假如我們將土地賣給了你們，你們務必維持祂的獨特與聖潔，使祂成為一塊即使是白人也可以品嘗被花草所薰香的風的地方。

因此，我們得考慮你們的要求。假如我們接受的話，我有一個條件，那就是白人必需對待大地上的野獸如自已的兄弟一般。

　　我只是個野人，並不瞭解其它的想法。我曾經目睹被路過火車上的白人所射殺的千萬頭野牛，牠們的屍體被棄置於大草原之上任其腐敗。我只是個野人，無法明白這冒著煙的鐵馬居然會比我們為了生存而殺死的野牛更為重要。

　　人沒有了野獸會變得怎麼樣呢？倘若所有的動物都消失了，人類將死於心靈最深處的空虛寂寞。

　　現在發生在野獸身上的事，很快地就會發生在人類的身上。所有的一切都是相互關連的。你們必須教導你們的子孫，在他們腳下的土地，是我們先民的遺蹟。因此，他們才會尊敬 這塊土地，告訴你們的孩子們，因為有著我們生命的存在，才使得大地更加地豐富。讓你們的孩子知道，大地是我們的母親，我們向來如此教育著我們的子孫。任何發生在大地上的，都會同樣地降臨在大地孩子身上。

假如人們唾棄了大地，其實他們就是唾棄了自己。

　　我們知道，大地不屬於人類，而人類屬於大地。我們知道，每一件事物都是有關連的，就好像血緣緊緊結合著一家人。所有的一切都是相互有著關連的。

　　現在發生在大地的事，必將應驗到人類來。

　　人類並不是編織生命之網的主宰，他只不過是其中的一絲線而已。他對大地做了什麼，都會回應到自己身上。雖然白人的上與他並肩齊步，和他交談一如他的朋友，但白人也無法豁免於相同的命運。畢竟，我們都是兄弟。我們知道一件事：終有一天我們會看到，白人必將發現我們的上帝是同一位！你們現在也許認為，因為你們擁有神，所以也可以占有我們的土地，但是不能這樣。祂是眾人的神，祂的慈悲平等地分享給紅人與白人。大地對祂而言是珍貴的，對大地的傷害，是 對造物主的輕蔑。白人也終將滅絕，甚至有可能比其它種族還快。如果你弄髒了自己的環境，總有一天會窒息在你所丟棄的垃圾之中。

　　但即使您們死了，上帝也會給你們榮耀，因為祂帶領你們到這片土地來，又不知為何給了 你們統治紅人與土地的權力。 這樣的命運對我們來說真是難解。尤其當野牛被屠殺，野馬被訓服，當森林中最隱密的角落也充滿了人味，原始的山陵景象被電話線所破壞時，我們真是不明白啊！叢林哪兒去了？消失了！老鷹哪兒去了？不見了！美好的生活已經結束，殘喘求生的日子開始！

〔註〕白人領袖：指當時的美國第十四任總統 Franklin Pierce (1804-1869)

memo

帶著書箱去旅行

畫家橫跨美國大陸萬里行的足跡

作　　　者	洪東標
發　行　人	王志強
撰　　　文	洪東標
美 術 編 輯	連玉蘭
繪 圖 作 品	洪東標
照 片 攝 影	洪東標、洪伊俊
校　　　對	洪伊柔、賴秋燕

出 版 社	金塊文化事業有限公司
地　　　址	新北市新莊區立信三街 35 巷 2 號 12 樓
電　　　話	02-22768940
傳　　　真	02-22763425
E - m a i l	nuggetsculture@yahoo.com.tw

匯 款 銀 行	上海商業儲蓄銀行新莊分行（總行代號◎ 011）
匯 款 帳 號	25102000028053
戶　　　名	金塊文化事業有限公司

總 經 銷	商流文化事業有限公司
電　　　話	02-22288841
印　　　刷	詠富資訊科技有限公司
初 版 一 刷	2014 年 5 月
定　　　價	新台幣 450 元

ISBN：978-986-90660-0-6

國家圖書館出版品預行編目 (CIP) 資料

帶著畫箱去旅行 / 洪東標作 . -- 初版 .
-- 新北市：金塊文化 , 2014.05
240 面 ; 19x26 公分 . -- (Collection ; 9)
ISBN 978-986-90660-0-6(平裝)
1. 遊記 2. 美國
752.9　　　　　　　　　103008172

金塊文化
Collection 09